宇宙とつながる進化のビジョン

浅野芳彦
Asano Yoshihiko

たま出版

はじめに

中学生だった頃の帰り道でのことでした。

下校時に同じ方角に自転車で帰る十人ほどの同級生のグループがありました。一緒に帰る仲の良いメンバーはいつもその中の三～四人と決まっていました。それ以外の中にS君という男の子がいましたが、私は彼をなんとなく好んでいなかったようで、ほとんど口をきいたことはなかったのです。

ある日の下校時に、駐輪場から自転車を出していると、ちょうどそこにS君もやって来て自転車の鍵を外して帰ろうとしていました。いつもならお互いに無言で帰るところだったのに、このときは自分の様子が少し違っていました。まだ子どもなので気を使う理由などなかったはずなのに、とつぜん何気なく、でも〝ちょっとだけ無理をして親しそうに〟声をかけたのです。

「その自転車のギアは何速だい？」

「あっ、これかい、8段ギアだよ」

と、予期しなかった私からの声かけに少し戸惑いながらもS君は答えました。

「あっ、そうか。じゃあ、俺の自転車と同じだったんだな」

このあと、なりゆきで自転車を漕いで途中までS君と話しながら帰ることになりました。

そして、この些細なきっかけによって打ちとけていき、S君とは長年の〝親友〟と呼べるほど仲のいい関係になったのです。

子どもの頃は、このようなことは珍しいことではなく、日常、多くの人がそれぞれのかたちで体験していることだと思うし、むしろそんなことだらけだったのかもしれません。

けれども、時が経ってこのことをふり返るたびに、これは〝単なる偶然だった〟との一言で言いきれない出来事だと思うようになりました。たまたま〝ちょっとだけ無理〟をして声をかけたことによってでき上がったS君との大きな関係が、自分の思考では届かない何かの〝力〟を感じたように思ったからです。

この一例は、単なる子どもの時期特有の小さな出来事に過ぎないと見過ごすこともできたかもしれません。しかし、時が経ち、長年にわたって得た自身の体験や想いをつなげて考えると、決して見過ごすことのできない明らかな〝はたらき〟があったのだと思うようになりました。

本書では、このような些細なことから社会に起きている大きな出来事にまで作用しているように見える〝はたらき〟と、それらに関連している人々の〝心と意識のありかた〟についての考えを、私の言葉で表現していこうと思います。


本文はいくつかの主題に分かれていて、その中のひとつは、読者がこの世界の未来を想像するという作業の提案になっています。

それは「進化のビジョン」として、具体性を持って読者がそれぞれのかたちで表現されることでしょう。

同時に、私もその作業に加わり、自身の想いと体験をもとに、そのビジョンをＳＦ

小説的なかたちで表現します。これは〝人間は本来どうあるべきか〟という前提とともに、二章の「私の進化のビジョン」として描いています。この章の作業は、本書の中核をなすものと位置づけています。

一章の「自分を初期化する」の中の項目は、ものごとを思考するうえで支障になる先入観や固定観念などに注意を払い、できるだけ自分自身をもとの状態にリセットできればとの思いから綴ったものです。それは、二章を読む前に準備しておきたい前菜のような位置づけともいえましょうか。

二章はSF小説的な内容ですが、三章の「自分の中にすべてがある」では、事例を含めて精神感応（以心伝心 telepathy）や共時性（synchronicity）、想いの力、予知、直感などについて自身の考えをまとめています。それらの本質はつながっていて、第六感や超感覚的知覚（ESP）などと言われる〝能力〟というよりは、前者は想いを齟齬なく完ぺきに伝え合う機能だということ、後者のそれぞれは、現れる出来事（環境）は意味をもって現れているということを、体験も含めて述べています。ここでは、それらの開発などを意図するのではなく、存在意義に焦点をあてています。

四章は「戦争のなくしかた」という大げさなタイトルですが、この世界に起きている数多くの〝悪いこと〟の根本原因は同じ出どころを持つものであって、それは決してなくせないものではない、という考えのもとに見解を述べています。

最後に、「前向きのもの」と「後ろ向きのもの」、〝良いこと〟と〝悪いこと〟についての説明になります。ここでは、寛大、調和、勇気、一途、努力、平穏、思いやり、謙虚、智慧、感謝、繁栄、理解、信頼などの要素を「前向きのもの」として、反対に、憎しみ、偏見、プライド、傲慢、支配欲、批判、怠惰、欺瞞、無知、差別、顕示欲、恐怖などの要素を「後ろ向きのもの」として捉えています。

そして、〝良いこと〟と〝悪いこと〟は、それぞれを「前向きのもの」と「後ろ向きのもの」という原因の結果として表しています。例としては、有形無形問わず文化的なもの、美しい美術や音楽、文学、演劇、災害支援、慈善事業、救助活動、科学技術等による数多くの繁栄に関わる製品や作品、行為などは〝良いこと〟という結果として。いっぽう、有形無形問わず戦争や核兵器、飢餓、ジェノサイド、独裁、洗脳、人種問題、環境汚染、犯罪、虐殺などの衰退にかかわるものは〝悪いこと〟という結果として捉えています。

この世に起きているものごとは、些細な事柄から大きな事柄まで二面性で成り立っているという考えがあります。双方の原因と結果という関わりは、この世の中で最大級の二面性による現れだと捉えています。

目次

二章　私の進化のビジョン（ＳＦ小説的）……29

一章

自分を初期化する

◎だれでも先入観や固定観念の中で暮らしている

私たちの社会には、人とコミュニケーションをとるときに、人それぞれが持つ先入観、習慣、因習、固定観念などの要因よって正しく意思疎通ができない状況が数多く起きています。

先入観などは、一般的に既成概念として偏った解釈や妥当性の少ない判断などの原因となるものとしていますが、単純な思いこみによる些細なものも多く含まれているようにも思います。それは、思いこみによる一種のパレイドリア現象に日常晒されていることなのかもしれません。

パレイドリアは心理現象の一種であり、おもに視覚の作用ですが、聴覚、味覚、触感にも思いこみなどによる似たような作用はわずかに起きていると思われます。これは、対象物が自身の思いこみのかたちに沿った見えかたになるということを示しています。これらのことからして、私たちは毎日を先入観や固定観念だらけの海の中で暮らしているような状況に置かれている（置いている）のです。

また、コミュニケーションをとるときにどのような内容の先入観や固定観念、習慣を自身に植えつけているのか、ということにも注意を払う必要があります。先入観や固定観念などは、偏見や客観性、妥当性に欠けた判断として、さらに傲慢や批判、憎しみ、無知、プライド、欺瞞、不安などの後ろ向きの要素が重なった場合にはさらに強力なものとなって、さまざまな混乱を巻きおこしてしまう原因になると推察できます。

いっぽう、信頼や思いやり、感謝、謙虚、勇気、理解、寛大などの前向きの要素が、たとえわずかであっても重なった場合は、身体も弛緩されて互いに持ちつづけていた先入観や固定観念を少なからず中和するようなはたらきもあると私自身は感じています。

より意思疎通ができる状況を前提としてコミュニケーションという場をつくるときに、双方に必要なことは、先入観や固定観念などをより緩和させる可能性のある前向きな姿勢も必要なのではないでしょうか。

ここまでは、あくまでも日常においての会話という見解になります。

ここからは、幅を広げて社会規模でつくられた先入観や固定観念について考えてみたいと思います。その場合、状況はもう少し深刻になるようです。

私たちが現在の消費という社会構造に生きている以上、それによってつくられた先入観や固定観念、習慣などに苛まれている、ということは、多くの人々が感じていることでしょう。スマホなどのＩＴ媒体を考えてみても、使用している本人の趣味、嗜好などにとどまらず、各個人がどのような考えを持っているのか、ひいては本人の社会に対しての姿勢まで特定することもできています。

それによって、人々の意識と行動の道筋をつくって利益をあげようとする者と、さらには大多数の民衆の心と意識のコントロールをもくろむ者が出てくるであろうことは想像に難くありません。

国際ニュースでは、米連邦捜査局などは世界のほぼすべての個人情報を傍受できている、ということを伝えています。捜査機関の場合はやむを得ない（？）としても、それが人々を巻き添えにして、敵対勢力（または国）に対して打撃を与える組織など

のツールであったり、ある勢力（または国）の民衆の心や意識の領域を侵す道具になったりしていることは、現実に起きていることであり、私たちにとって脅威にほかなりません。

私たちは、気づかないうちに、巧みに意図された先入観や固定観念の中に生きている可能性も考えておく必要があるでしょう。それは、人々の日常の暮らしや科学、政治、経済など、社会のあらゆるものの中に根づいており、自分たちがその状況を見極める術もないままに、ほとんどの人々が気づくことができないまま、苛まれながら現在まで生きて来たのかもしれないからです。

そのことを考慮すると、先入観や固定観念なるものに、自身の思考や感受性、意識などのありかたが影響されていない、初期化された状態に自分自身を置きたいと多くの人が考えても不思議ではありません。

個人の中で育てたものであっても、また意図されたものであっても、人々の先入観、固定観念、洗脳などは、そのような意味からも急速な初期化が必要だといえるでしょう。ただし、意図している出どころが宣伝や広報など社会の身近なところからの場合

は比較的認知しやすいのですが、それが限られた上層のところからとなると、おそらく簡単に気づくことはできないと思われます。本音の情報は縦には伝わらないからです。

しかし、それらに惑わされないためには〝私たちは本来どうあるべきか〟という、だれでも一度は耳にしたことのあるシンプルな問いかけが各自に必要であり、肝要なものだと考えています。このシンプルな問いこそが、先入観、固定観念、洗脳などを一蹴できる言葉（姿勢）であって、その意識を自身に常に含んでおくことによって、少なくともそれらに支配されにくい、苛まれにくい人格として自己をかたちづくることができるのだと確信しています。そうした人格は、地球社会を俯瞰できる可能性があるからです。

いままで民衆をコントロールしていた側が、価値観や意識、思考などが変化した民衆に合わせて徐々に社会形態をつくり変えていくことが、自然でかつまともな現実への道筋でもあるはずです。

この世界は、どのような状況に置かれていようとも、結局は私たちの総和の集合意

識がその状況という結果を生んで育てあげたのであり、それをなくすのも変化させるのも、基本的には私たちの意識のありかた次第なのではないでしょうか。

◯俯瞰と客観

ここで、俯瞰と客観の意味合いなども、自身の考えも含めて簡単に述べておきます。ただし、これは日常の些細な会話においてはあまり問題にならないことかもしれません。

ものごとを俯瞰して眺めようとしても、その言葉のイメージまでは理解できても実際に俯瞰できるものではありません。局面が大きくなればなるほど俯瞰性は重要になるので、むずかしい問題だということもまた事実です。

俯瞰性も客観性も、結局はどちらも人が判断することではあるのですが、大きな局面ではより俯瞰性が問われ、日常の比較的小さな局面では客観性がより問われるので

はないかと考えています。さらに、俯瞰する側は、ものごとを見極めるのに弊害になりやすい感情や立場、先入観、固定観念などの要素をより抑えることも大事で、それを額面通りに実行するには大きな労力が必要になるように思います。

また、別な視点として、過去について考えるとき俯瞰していることが多いことがわかります。

過去の自身のふるまいや心や意識の状況を思い返すことによって、それを理解できることがだれでもあります。同様に、地球規模で起きた出来事（歴史）も過去に遡って俯瞰して捉えることは可能です。実際、私たちは過去の体験の一部を俯瞰し暮らしており、その理解を現在の社会に役立たせることができるわけです。

いま、地球で起きている大きな出来事との関連性を洞察し、その意義を根底から理解するには、俯瞰性はとても重要な要素（姿勢）であると考えています。

○地球を俯瞰することはできる

何事にも俯瞰することは良いことではあるのですが、とくに有史以来の大きな宇宙との関わりが始まっているいまは、社会的には必須事項ともいえるのではないでしょうか。

天動説が地動説に変わった時期とは比べものにならないほど、現代はこの世界を俯瞰することが問われていると個人的には推測しています。大きく変動していく時期の社会や暮らしにおける正しい指針は、おそらくこの世を俯瞰することによって得られると思うからです。

ただし、外から地球を俯瞰的に眺めると言っても、私たちは地球の外側でも同時に生きているわけではないので、この地球世界の状況をその世界だけの主観という視点で捉えており、客観的にさえも把握することはとても難しいことだと思います。

実際に宇宙からこの地球を見ることができた人は過去のごく一部の人に限られてい

て、それも、ただ遠方から地球を眺めただけです。

また、彼らはそこで一定期間暮らしていたわけではないので、俯瞰というよりも、初めて見た地球に強い衝撃のようなものを受けただけなのかもしれません。

ですから、このことをもって地球を俯瞰的に捉えるとは言えないかもしれませんが、それでも、実際に月面に降り立って帰還したアポロ宇宙飛行士の言葉をあくまでもひとつの貴重な参考事例として考えてみたいと思います。

地球からおよそ三十八万キロの距離の、わずかな滞在時間の事例です。

宇宙飛行士が月面に降り立ったのは一九六九年から一九七二年の間で、その数は十二人。そのうちの二人の飛行士の言葉をここでお伝しします。物理的な距離、すなわち地球と月までの距離の間における体験の貴重な感想です(一般的に報じられている内容を著者の言葉で一部分補足、修正)。

最初の一人は、一九七二年にアポロ15号の乗組員だったジェームス・アーヴィン氏の言葉。

「月の軌道に近づくと、私は船内の忙しい任務の合い間にやっと外を見ることができた。形容しがたいほどの美しい地球が、球体としてそこに見える！　私はいま、神のような視線からその世界を見ている！」

二人目は、一九七一年に打ち上げたアポロ14号の乗組員エドガー・ミッチェル氏の言葉。

「月面に立ったとき、宇宙とつながった気がした。身も心も宇宙に同化したというか、神秘的な充実感が満ちていた。月も、地球も、宇宙も、自分も、すべてが偶然ではあり得ない。万物を司っているもの、あるいは〝神とも呼べる存在〟なしに考えられない。宇宙空間での出来事は、いままで体験したことのないとても印象的なものだった。宇宙は叡智そのものだ。科学でも説明できない何かを感じた」

すでに他界されたエドガー・ミッチェル氏は、退役した後には哲学者、思想家として人生を歩んでいきました。地球の歴史上初めての体験だったこともあってか、また、これらの体験を表現する適切な言葉が見あたらなかったのか、少し表現に戸惑いがあったのかもしれません。

それでも、ジェームス・アーヴィン氏の「……神のような視線からその世界を見ている」という言葉はわかりやすく、共感しやすい表現ではないでしょうか。
当時の表現ともとれるのかもしれませんが、私は時代を超えた感性的な表現だと思います。ほかのアポロ宇宙飛行士も、このような趣旨の想いを持ったといわれています。

両氏ともども、ほんのわずかとはいえ、視覚的に地球世界を俯瞰することができた初めての言葉ではないでしょうか。しかし、実際にその場に長く滞在していたのではないので、先ほども触れたように、俯瞰というよりも、その場所で強い神がかり的な印象を受けた、と言ったほうが正しいのかもしれません。いずれにしても、宇宙飛行士全員の体験談は貴重なものであることに変わりはないのですが。

彼らが月に降り立ってから、すでに半世紀以上の時が経ちました。その間、三十八万キロの、あるいはそれ以上の彼方からの地球をわずかにでも俯瞰した体験談がひとつもなかったことは、とても残念なことだと感じます。

はたして、私たちは地球の中だけに置かれていて、地球という世界を俯瞰できるのでしょうか。この地球世界の中で俯瞰できる手立てはあるのでしょうか。

この問いに、私は肯定的に答えたいと思います。俯瞰できる手立てはある。そしてそこには、〝私たちは本来どうあるべきか〟という問いかけが大きく関わっている、と――。

◎進化した状態

本書で言う進化（evolution）とは、生物学的見地からというよりも、心や精神、意識、それと文化や科学技術、社会制度などの文明に重きをおいたもので、人間が精神面とともに文明において進歩し発展した状況を意味しています。

多くの人は、ここで言う〝進化〟について問うときに、生物学的見地からの意味合いをも含めて考えている場合もあるでしょうし、歴史を辿ってそれに従っていることもあることでしょう。それゆえ、進化するためには想定以上の長い年月が必要だとの思いがあるかもしれません。しかし、ここで言う〝進化〟とは、おもに人の心や意識のありかたに重きをおくものであって、それに関わる時間はまったく未知数なのです。

当然ながら、進化の定義にもよりますが、社会に起きている〝悪いこと〟の責任を果たすことを前提とすると、それに関わる時間は、私たちの賢さ如何によっては想像以上に早く訪れることもあり得るのではないでしょうか。

◎「進化のビジョン」という作業

ここで読者に、ぜひ想像していただきたいと思うことがあります。

それは、「もし私たちが、地球に現在起きている戦争や飢餓、環境問題をはじめ、さまざまな社会問題を克服して進化したとしたら、未来の地球世界はどのようなものになっているのか」を想像するということです。わかりやすく言えば、進化したら人々の意識とこの世界はどのようになっているのか、ということを想像するのです。これは、〝人間は本来どうあるべきか〟という問いの答えになるからです。

最初は、あまり例のない作業で戸惑ったり意味のない作業だと思う人もいるかもしれません。しかし、私は人生のなかで常に想像する価値のある作業だと考えています。

この作業は想像ではあるのですが、単なる想像や空想とはまったく異なるものです。そこには、〝人間は本来どうあるべきか〟という前提があるからです。

想像作業は「進化のビジョン」として行いますが、これは世界の現状を俯瞰できるようになるだけでなく、本人の意識の改善にもつながる大事な作業になると考えています。

作業は自己流で行い、可能なかぎりリアルにその映像を想像して書き出す。

文章は、物語ふうでも論説、随筆でも、どのようなかたちでもかまいませんが、できるだけ長く表現する。

進化した場面の描写は、人間について、文化、日常の些細なこと、遊び、人々の意識、交通、歴史や科学、宇宙技術、政治、経済、国、社会構造など、考えつくあらゆるもので、自身と社会にどのような変化があるのかを表現します。でも、あまり固く考える必要はありません。

スマホをしまっておいて、ＳＦ気分で集中できたら、とても楽しい作業になるかもしれません。ただし、人と話し合う場合は必ず自分自身で一度想像しきってから行う必要があります。また、作業のあいだはスマホやＰＣなどとは距離を置くことをおすすめします。

もしかしたら、自分が進化した地球の未来にテレポート（瞬間移動）したかたちも写実的に表現できるかもしれません。大切なことは、自分と未来の地球世界に必要だと思うことを考えて、思いつくすべてを書きだすことです。

これらの作業は、〝人間は本来どうあるべきか〟という問いに対する自己の思考を養うとともに、自身と世界の現状との関わりを理解できるようになることを意図しています。

では、次の章で、私自身の描いた「進化のビジョン」を紹介します。タイトルは「私の進化のビジョン」で、人間は本来どうあるべきか、という前提をもとにＳＦ的な物語として描いています。

次章を読んでいただくにあたっては、先述したような想像作業とその文章化という順序をご自身で踏んでから読むことをおすすめしますが、時間がとれない場合は、ここでいったん目を閉じていただき、可能な範囲で結構ですので、地球の「進化のビジョン」を想像してみるのも良いかと思います。

二章

私の進化のビジョン（SF小説的）

◎進化の地

ここに来る前は、なにかが起きて頭のなかが混乱していたようだった。理由はわからないが、ぼくたちの世界の未来に強い関心はあったものの、そこに瞬間移動することには、自分自身のなかに大きな疑念と不安が残っていたからなのだろうか。でも、なんとか辿りつくことができたようだ。

時間が経つにつれ、少しずつ落ちつきを取り戻してきた。そして、まわりの状況がだんだんと目に映ってきた。

ぼくはいま、小高い丘の麓の郊外の入り口のようなところに立っている。この地は前の地の気候よりすこし温暖で、樹木の香りを伴ったここちよい風が吹いている。

近くには、住居のような建てものがいくつも見える。まわりの木々の色と相まってか、とても際立ってきれいに調和している。その住居の見栄えは、色が乳白色で材質は半透明な石英のように感じるが、堅そうな素材のようだ。形はおもに曲線的にできているけれど、ところどころにある直線的な形状がより美しい響きを与えている。屋根がドーム状のようになっている住居もいくつかあるようだ。

ただ、自然は、いつも見ているものと美しさ自体では大きな違いはないように思う。でも、ぼくのなかでは、この町すべての景観が〝ひとつの美しい町という造形作品〟として佇んでいるように思えた。

これは思い過ごしなのかもしれないが、大気というか、空気がはっきりと、ぼくたちの世界のものと違う感じがする。より空気が澄み切っているのだろうか。それに少し身が軽くなって、まるで重力が和らいでいるように思えるが、理由はわからない。

まわりには、予想どおり電柱や看板などはひとつもなく、おどろいたことに道路のようなものもないように感じた。すこしの違いを感じただけなのに、すでにだんだんと期待がこみ上げてきて鼓動も高くなっていた。

ちょうどそのとき、数基の乗りものが遠くからこちらに近づいてきた。乗りものの大きさは大小あるようだが、そのうちのひとつはぼくたちの乗用車と同じ大きさで、地面から少し浮いて移動しているように見える。道路がないのに行き来している乗りものは、おなじ道筋を辿っているようだ。

移動中は地面からの高さを自在に変えているようで、速度もときおり変化しているけれど、総じてゆったりと移動している。そのうちの一基は、芝生のような背の低い植物の一帯の上に停車したようだ。しかし動力音は聞こえない。その乗りものの全体の形は、角のない曲線でできた筒状のもので、色や質は建てものに似ている。

窓は区切りがなく、搭乗者の視点にあたるところが肘の長さほどの幅で、乗りものを一周して透けているようだ。本体との区切りがないところを見ると、この窓の幅は状況で変化するのだろうか。その乗りものの前方には運転手らしき人は見えなかったが、人の乗り降りは見え、その都度ステップ（？）が現れていた。

街には人が数多く見えるが、さまざまな人種の人々がともに暮らしているように見える。

こちらの方向に近づいてくる人たちの一人に、思いきって声をかけてみることにした。心臓の鼓動がさらに高くなった。

緊張を振り払って傍に行くと、その人は微笑んで、まるでぼくを以前から知っているような表情で接してきた。一緒にいた数人の人たちも、同じように親しみのある表情をしている。

まったく知らない土地でこのような接しかたをされたのは初めての体験だったけれど、みんなからは平穏な安堵感が漂っていたので、それ以上の緊張や違和感を持つこともなく、ぼくは彼らに自分から溶けこもうとした。

思いつきで「こんにちは。迷ってしまったのですが、道の案内板はどこですか？」と尋ねてみた。

そうしたら、表情はにこやかなままなのにだれも返事を返してこなかった。一瞬、言葉を発することができない人たちのグループなのかと思ったが、考えてみればここは進化した地なのだ。ぼくたちの言語を使っているかどうかなんてわかるわけがない。

少々間をおいて「どちらに行きたい…のですか？」と少々ぎこちない話しかただったが、そのうちの一人が答えた。

その人は、一見すると若めの青年男性に見え、話しかた以外は明るくて思慮深く、とても印象のよい人にみえる。ほかの人たちは、そのまま挨拶らしきしぐさをしながら遠ざかっていった。

ここで、彼の名前を「ビオ」と名づけて呼ぶことにした。同時に、相手に自分は「シオ」だと伝えることにした。とくに名前には意味はなかった。

◯思わぬ展開

相手の服装は、縫い目の見えないやわらかい布のような材質でできていて、生地の皺は少なく、ボタンのたぐいは付いていないようだった。上下ともシンプルだけれど、ゆったりとしていて、服の皺のなだらかな稜線はやわらかな風の中で微かにゆれている。会話は、言語と身振り手振りをまぜてなんとか成り立っていた。

彼の眼は澄んでいて、純粋無垢な少年のような表情をときおり見せていた。言葉と言葉の合い間に首を斜めに傾けながら、ぼくの話をよく理解しようとしているのが手に取るようにわかる。

しばらく受け答えが続いたあとに「よかったら、この辺を紹介しようか？　どんなことでも聞いて」と気さくに彼が言った。いつもだと初めての相手に気を使って少し遠慮する場面なのかもしれないが、この気さくな言葉や屈託のない様子に、戸惑いなく「それじゃあ、おねがい」とすぐ返事をした。

彼の態度は他人同士なのにまったく警戒心や疑念がなく、前から親しい間柄だったかのようなふるまいだ。もしかすると、進化したこの地の人々は、はじめに描いていた頭のすぐれた偉そうなイメージとは正反対な人たちなのかもしれない。未来の人との出会いは、当然なんだろうけれどいままでいちども経験したことのない印象的なものだった。

そのときふと思った。最初、彼はたしかにぎこちない話しかただったはずなのに、いまはすらすらと何事もなかったように自然に話しはじめているではないか。

すると、こちらの想いを察したかのように、

「いや、思い出すのにちょっと時間がかかってしまったんだ。ここでは、君が話している言語はずっと昔から必要なくなっていたからね」

「えーっ」と、この言葉につい驚いてしまった。ここに来る前に予測し、うすうすは期待してはいたけれど、彼は、はっきりと「言語が必要なくなった」と言ったのだ。

そうだったのか。これで先ほどの違和感のなぞが解けたぞ。

でも、それどころの話ではなかった。彼らは、過去に言語表現という伝達方法から何か大きな進化を果たしたのだろうか。

ぼくは、この地にきて初めて会話した相手からいきなりこの言葉を聞いて驚くとともに、彼らが進化して言語を人類共通の〝もの〟に転換できたのかもしれないことに感嘆した。

すると突然、尋ねたいことが一気に湧き上がってきた。

「この世界ではテレパシー（以心伝心）を習得したんだね？」と単刀直入に聞いてみた。

するとビオは、

「しゅうとく？……ではないよ。努力したんだ、みんなで力を合わせてね」

力を合わせて努力？……といぶかると、

「うん。地球では以前にそれについて研究されてはいたけれど、それを何かの能力とか第六感などと捉えてしまって、どういうものなのかあまり理解できていなかったようなんだ。

僕たちは、第六感や超能力などの世界に投げてしまわないで、ひとりひとりの中をもっと探って〝きれいにする〟ことにしたんだ。するとおのずと、もとに戻って理解していくようになったんだ」

「きれいにする？……もとに戻って理解？……」と、いまひとつ納得できずにいると、

「そうだよ。先入観や固定観念、感情、それに感覚器官などに左右されることなく、きれいに直接意識にはたらきかけ合える状況を自身の中に築く必要があったんだ。それでみんなで努力し、その努力が実ったんだ。

ほかのすべての生きものも、それぞれ固有のかたちで以心伝心しているんだよ。植物だって、とてもゆっくりとした原理的なかたちでね。でも、他の生きものは先入観や固定観念など持っていないから、人間のように努力する必要がなかったかもしれないね」

そう言って笑っていた。

ビオのこの話を聞いて、アメリカの開拓当時の先住民（ネイティブ・アメリカン）のことについて、前に聞いた話を思い出した。それは、西部開拓時代、数人の白人が敵にあたる先住民の村を、日がすでに落ちていた時刻の岩かげからひそかに偵察していたときのことだった。

夕食後のくつろぎの時だったのか、十数人ほどの先住民の大人たちが、暗闇のなか、村の住居のそばにある庭に座り、焚火を取り囲んでみんなで向き合って輪になり、何かをしている光景だった。

数人はパイプをくわえ、ときおり相手の顔を眺めてはうなずいたり微笑んだりしていた。

ずいぶん長いあいだ話し声はなく、まったく無言だったという。しかも、毎晩のように。

偵察していた白人たちはこの光景をみて奇妙に思い、理解できなかったという。敵視していたので不気味さをも感じたようだったと話していた。

これは、もしかすると先住民たちが自分たちのかたちで会話している状況であって、みんなと以心伝心しながら楽しんでいたのかもしれない。

「そうだね、そのときのみんなの気持ちはつながっていて、とても充実していて楽しかったんだね。〝もとに戻る〟ということは、人間本来のかたちにもどるということでもあるんだよ。それに、シオたちが〝物〟と呼んでいる大地や海、大気などすべてにも精気があって、その印象を受け取ることができるんだよ」とビオが言った。

「ただ、シオたちのテレパシーという言語は、映画やアニメーション、テレビなどによってつくられた先入観や感化によって、本来の科学や哲学などの捉えかたをとれず、ほんとうの意味からすこし乖離してしまったね。長いあいだの言語表現という伝達方法にこだわりすぎてしまったのかな。

このことは、とても大切なことなんだ。ほかのことと深くつながっていてね。長くなるかもしれないからあとでまた話そうか」

ビオの言葉は、このあとも十分な時間をぼくにかけてくれるという意味のようにもとれた。続きを聞きたかったけれども、期待とともに「うん」と返事をした。

ぼくは、ビオの突然のこれらの言葉に驚きと嬉しさとで胸がいっぱいになった。なぜならば、ここはぼくたちの惑星である地球が進化した、まぎれもない現状なのだから。

ビオの察する〝力〟にはほんとうに驚いたが、だんだんと慣れてきた。でも、自分自身は相手からの想いを無言で受けとることなど、残念だけれどもほとんどできない。もしかすると、これほど相手の想いを受けとることのできるビオは、相手の想念を読み取ってぼくが過去の地球からここにやってきたことなどすぐに察していたのかもしれない。

◎中型機はすごい!

ここで、ビオが急に「提案したいことがある」と言った。

「ここには豪華な乗りものやお城などはひとつもないけれど、シオが驚くような速さで移動できる乗りものがあるんだよ。見にいかないかい？」

そう言ったので、ふたつ返事で「ほんと？　もちろんそれは見たいよ！」と答えた。

すぐにビオとぼくは、足早にその乗りもののあるほうへ向かった。乗りものは、学校の体育館ほどの大きさの、ドーム型の倉庫の中にあるという。

建てものに近づくと、住居に似た色と材質をしていたが、入り口らしいものがないように思えた。

壁の近くでビオと同じぐらいの背丈の男性が待っていたようで、壁面の一部に手をかざして少し左に振ったように見えた。

その瞬間、何もなかった壁面の一部に三人分ほどの縦の隙間が現れて、左から右にその隙間の幅が広がり、入り口となって現れた。入り口の幅は人の背ほどで止まったが、高さも含めて自由に変わるのかもしれない。音はしなかった。

しくみはわからないが、まさに〝現れた〟との表現が近いと思った。

中へ入ると、広い空間の奥に乗りものだというものが三基ほど見えた。

その形状は、三基とも少しゆがみのある楕円形で、住居に似た乳白色に近い色だった。材質は、近くで眺めているせいか、前に見た住居より硬そうだ。半透明の、虹色がかった鮑を磨いたような、とても美しい材質に見える。

大きさは、およそ幅十メートル、高さ六メートルくらいだろうか。

やはり、入り口らしいものはどこにも見あたらない。

三人で一緒に近づくと、このときはビオが手をかざして、倉庫の入り口のときにもう一人がやったと同じように左に少し手を振った。

すると、突然ドアが現れた。こんどは、下部を軸にして上部がぼくたちの足もとまで降りてきて、静かに止まった。初めて見る光景に、開いた口が塞がらなかった。

しかし、よく覗くと内側にあたる部分は階段状になっていた。ドアの現れかたはそこまで進歩したんだと驚いたが、それに比べてドアの内側の階段はずいぶん古い形式のままだと思った。

「でもビオ、ぼくが子供のころに見たSF映画に出てくる宇宙船は、人を乗せるときに光線らしきものを当てて、人を宙に浮かせて吸い込むように乗せていたけれど……」

と聞いてみた。

ビオは笑いながら、「そうだね、でも、そんなふうに宇宙船の中に人を招き入れるなんて失礼だよね。そのほうが物語としては神秘的でいいのかもしれないけれど。僕だったら、宇宙船のほうからその人の近くまで降りていって、最後は自分の足で階段をのぼって中に入ってもらうほうが普通でいいと思うな。かかる時間も変わらないしね。もちろん、そうしようと思えばできないことはないかもしれないけれど、それは必要ないかな。

僕たちの社会では、体の最低限の運動は必要と考えていて、過剰な便利さは必要ないとしているんだよ。シオのところでも同じはずだよ。

シオの世界の人たちが未来を想像したときの映像は、空にたくさんの乗りものが〝飛んで〟いて、突き出たようなさまざまな高層ビルがいっぱい建っていたりするだろう。高度なテクノロジーだと考えてね。

でも、それは間違っている想像なんだよ。その映像からは、人々の存在が薄れているように見えるからね。

僕たちの文明では、人の置かれている位置は自然といつも接するということにあって、それが大切なことだと考えているんだ。これも進化の一環で、人々の意識や科学技術などによる暮らしはいつも自然との関わりを考慮しているんだよ」

この説明には少し驚いてしまった。ぼくが子どものころから想像していたものとは、正反対の景観だったからだ。でも、自然との共存を上位に置いている考えは納得できる。

先ほどから、ビオはぼくの表情をずっと興味津々に窺っていたようで、

「中に入ってごらん。もっと驚くものもあるよ」

と、楽しそうにぼくに声をかけた。

勝手がわからず戸惑っていたが、その階段を上がって中に入ることにした。

本体にできたドアの形状を指して、

「この乗りもののドアのしくみはね、あらかじめこの形に沿った、ドアと本体とのわずかな隙間にあたる素材の原子構造を変化させて、そこだけ溝の量の摩擦を少なくするんだ。何もしないと、そのドアがストンと上のほうから下の支点を軸にして下に落ちてしまうから、同時に支える部分の抵抗値も同じ方法で制御されているんだよ」

ビオには申しわけないけれど、自分は科学技術に疎いので、言っていることのほとんどがわからない。ぼくの関心が部屋の様子に移りかけていたからかもしれないが、ビオもそれに同情してくれていたようだった。

中を歩くと、ぼくが感じた機内の広さはおよそ十五平方メートル、光源はどこにもなく、本体の素材自体が明るくなっているような不思議さがあった。通常は明るいところと影の部分があるけれど、そのコントラストが低くてやわらかい空間に感じる。

別な表現をすると、自分たちがものを見るときには両目の間隔による距離感と、光源によって醸しだされる立体感が相まってものを認識しているが、多少その感覚が薄らいだから奇妙に感じたのかもしれない。ただ、陰にあたるところの状態は観察しやすいようだ。

ここでビオが、動力について少し説明した。

「シオがこの町で最初に見た小さな乗りものは、近いところに行くときに利用するもので、移動速度もシオたちの乗りものとあまり変わらない。でも、ここにある機体は中距離用にできているんだ。

移動の原理は、重力や大気の干渉を制御することによって、シオたちには考えられないほどの速さで移動できるんだよ。重力を自分でつくりあげていることも考えると、機体は独立したひとつの小さな惑星のようなものと言えるのかもしれないね。

空を〝飛ぶ〟という原理の飛行機と違って、飛ぶのではないから落ちないんだ。だから、とても安全で、目的地に瞬時に移動することができる乗りもの、というのがわかりやすいのかな」

これも半分しかわからない。でもなんとなくはわかる。

「中距離用の機体の航続距離は、この惑星の重力の届く一定の範囲内まで賄えるけどね」

「えっ、それじゃ、ここから数百キロ以上の高度になってしまうのかな？」

すこし驚きながら聞き返すと、

「うん、通常のものはそんなところかな。惑星内ではそれ以上の高度は必要ないからね。重力自体は少なくなりながらはるか彼方まで作用するけれど、中型機の場合は限られている範囲があるんだよ」

「ふーん、では速度は？」

「そうだね、この中型機の速度は食事中に地球を半周できるほどかな。もっと短い時間で到達する機もあるよ」

「えー、すごい！　それだと昼食の時間に遠くの国に行って景色を見ながら食べて帰ってくることができるということ？　信じられない、というか、いつもそんなふうに暮らしているんだ……考えるだけでめまいがするよ」

「そうかい。いろんな点で時間の制約が少なくなっているんだよ。ここには国というものはないから、好きなところにいつでも行けるからね。それに、時間というものと距離というものの考えかたが昔とはずいぶん変わってしまったんだよ」

　ビオは笑いながら淡々と話している。

「重力は制御されているので、静止状態からの加速が一瞬のうちに高速度になってもまったく加速を感じることはないんだ。高速度から瞬間に停止しても体がたたきつけられるようなこともないよ。それに、動力源は枯渇燃料ではなく、シオたちの言う空間というところから無限の干渉エネルギーを取り出すんだよ。

中型機の移動する様子を機外から眺めると、静止状態から瞬時に加速すると機体が一瞬に消え、高速時から瞬時に止まると機体が何もない空間から突然現れることになるので、この状況を初めて見る人はとても驚くことになるよ。重力や大気の中だけの暮らしに慣れているからね。

機は、重力制御された機体のまわりにフォースフィールド（力場）が形成されているおかげで、移動中の外部からのなんらかの干渉に対しても影響されることがなく、まず事故は起こらないんだよ。

同じ原理の機体同士がすれ違ったり接近したりしたとしても、同極の磁石が反発するように、目に見えないお互いの力場が反発の状態を常に起こしているから、接触することも接触してお互いにダメージを負うこともないんだ。

その作用の対象は、機体同士に限らず、建築物や自然物との接近時にも作用している。外から見ていると、ゆらゆらと揺れながら移動したり逆立ちしたりするように見えるときもあるけれど、機内にいる人たちはその揺れを感じないんだよ。この機はひとつの小さな惑星のようなものだからね。地球も高速で自転と恒星のまわりを公転しながら銀河の一定の方向にも移動して、さらにその銀河は別な構造に引かれている、という回転（渦）でできた構造の中にいるけれど、だれもその速度を感じる人はいないでしょ。人は惑星の磁場の中に同化しているからね。そもそも宇宙には上や下も右や左もないけれどね。

そのことによって、安全に関しても、重力圏内で飛行機のように飛んで落ちることがないから、シオたちの推進原理の乗りものよりもはるかにすぐれたものだよ。シオが最初に見た小さな乗りものにもその原理が応用されているんだ。

そして、この中型機は、一家に一基とまではいかないけれど、必要な場合はいつでもだれでも使用できるんだよ」

お金の構造がない？

ビオは日常の暮らしの話をしたかったかもしれない。けれども、自分はもう尋ねたいことで頭がいっぱいで止まらなくなっていた。ほかに別な話したいことがありそうだったが、たくさんの質問が頭のなかで順番待ちをしていたので、ここで次の質問を投げかけてしまった。

「ビオたちの社会はどのようになっているんだい？　お金のシステムなんかとか」と、自分たちの常識からは逸脱しすぎて相手にされないような質問をしてしまった。でも、それも当然だ、ここは未来なのだから。

ビオは、にっこり笑いながらていねいに答えた。

「ここでの人々の暮らしは、どんなことでも同じ〝いしずえ〟によって成り立っているんだよ。

社会のかたちは、シオたちの社会のシステムと同じではないんだ。

お金という構造にしても法律にしても、また、いろんな契約や取り決めなどにしても、ここでは何もないんだよ。なぜだかわかるかい？」

「えー、お金の構造も法律も契約もない？……そうだ、何かすぐれた人工知能でもあるんじゃない？」

「違うんだ。それは何かのツールとしては役に立つけれど、そうではないんだよ。お金を使う側の意識のありかたにあるんだ。わかりやすくかんたんに話すね。

まず、それらのルールがなぜあるのかと言うと、〝相手を信頼できない〟という想いがその世界の人々の根底にかくれているからなんだ。ただそれだけなんだ」

「……たったそれだけ？　もっと複雑で難解な理由があるんじゃなかったの？」

「いや、収益を得るというお金の流通構造は複雑だけど、その構造を必要としているのは相手を信頼できないという人々の想いがあるからなんだ。

時が経って、その想いが社会に定着していって、だれもそれを〝ほんとうはあってはならないもの〟と思わなくなってしまった。現状を見て、人間というものはそもそもこういうものなんだと思い続けてね。

きっと、多くの人たちが自身のまわりと目先の暮らしのことに対処することで精いっぱいだったからかもしれない。それと、自分が生まれたときからすでにそうなっていたから、大人になってもそれをあえて考えてみようという思いすら湧かなかったのかもしれない。

そして残念なことは、複雑なそれらの数あるルールにほとんどの人たちが携わって、自身のエネルギーの負担が大きくなっていってしまうことなんだ。精神や体を痛め続け、人類の進化にとって必要不可欠な〝相手の想いに感応できる思考〟を維持することがむずかしくなってしまうんだ。

だからといって、いますぐそれらのルールを取り払うことはできない。シオたちの世界では大きな混乱を招いてしまうからね。いまのシオたちよりずっと昔からのみんなの想いが、そういう社会構造をつくらなければならなかったんだね。そして、シオたちの時代になっても改善することはなかった」

自分の話す言語にまだじゅうぶんな自信がないのか、すこし間をおきながらビオは話を続けた。

「僕たちの暮らしには、ちょっとした安全に関わることやそのほかの些細な決めごとはあるけれど、そのような社会構造はなにもないんだ。

そして、ここの社会はシオの世界と比べたら驚くほど単純な構造になっているんだよ。

たとえば、食料品はシオたちの言う店舗のような場所や配給所などのようなところに豊富にそろっていて、各自の好みにあわせて自由に選ぶんだ。服や日用品など暮しに必要なものはもちろん、好みに応じたデザインや素材など、人々の希望を感じとるシステム、それは想い描いたイメージをそのまま立体映像化して制作することなんだけど、そうしてつくられたものを、だれでも受け取ることができる。もちろん、住まいも、住む場所も同じシステムによって得ることが可能なんだよ。

僕たちは、お金を用いて〝ものを買う〟のではなくて〝ものを選ぶ〟だけなんだ。この二つの違いは計りしれないほどの大きな違いなんだよ。想像できるかい？」

「えー、そんなこと考えたことないよ。ものを選ぶだけなんて。お金が必要ないなんて」

「そうかい。〝ものを選ぶ〟のは大きな構造を必要としない。〝ものを買う〟ということにかかわるプロセスは、巨大で複雑な社会構造を必要としていて、しかも人々の精神の消耗や時間の浪費はとても大きなものになってしまう。

お金の構造ばかりではなく、どのような複雑な社会構造もここには必要ないんだよ。

お金が必要ないから、その流れも必要なくなり、それにかかわる金融のしくみもいらないんだ。当然だけど、僕たちには経済という概念がないんだよ」

「ふーん。でも、自分の土地を持って自分の好みの家を建てたりするでしょ?」

「僕たちは、土地に対しても他のあらゆる物に対しても所有するということをしないんだ。もちろん、生き物に対してもね。どんなものに対しても『これは自分のものだ』とはだれも思わないんだ。そんなこと、だれも望まないし、その必要もないからね。

人々が〝所有したい〟と想うのは、その世界が競争という社会形態をつくり上げていて、信頼が欠如しているからさ。でも、世界に信頼が築かれていくと、人はみんな〝所有したい〟という想いを抱かなくなるんだよ。

だれも欲張らないから、法律もいらない。あらゆるものに必要だった余計な契約書類などの手続きもなく、すべてが〝信頼〟に置き換わっている。だから、それによるストレスも疑心暗鬼も生まれない。

そんな世界だから、不平や犯罪のようなこともまったく起きないんだ。治安という概念すらもここにはないんだよ。信頼が社会構造を大きく進化させる要因になっているからね。

仕事というものもお互いにとても健全で、職業の種類による優劣も上や下の関係もなく、得体のしれないプレッシャーもないから身も心も冴えているよ。心身ともリラックスしながら生産できるから、創造的な思考や効率も自然に上がるんだ。これは、複雑からシンプルへと進化したからなんだよ。それだけのことなんだ」

「うーん。きっと長い長い期間をかけてたくさん進化することができた未来だから、そんなふうに大きく社会が変わることができたんじゃないの？」

「そうだね。シオの世界の人々は、最初はだれでもそう考えると思うよ。だから、シオがここから前のところに戻ってこの話を人々に話したとすると、そんな夢物語のようなことはあるわけがないと、相手にされないかもしれないね。でも、そうとは言いきれないと思うよ」

すぐには把握しにくいところもあるけれど、シンプルさについてはおおよそ理解できたように思う。そうか、複雑さについては考えていたことと違って反対に進化していないのか……知らなかった。でも、早く進化できる手段なんかはあるのだろうか。

ぼくは少し控えめに、「それは、できれば早く進化できたらうれしいけれど、そんなことできるのかなあ……」と言った。

「シオたちの世界は、複雑な社会構造によって生み出されたものだけど、いつのまにか少なくない人たちが〝複雑なほど高度なんだ〟と心の奥底で勘違いしてしまっている。なかには、ほかの生き物と比べて人間とはこんなに賢い生きものなんだと思っている人たちもいる。その比較対象が賢くないのにね。その他のいくつかの場面でも、その傾向はあるんじゃないかな。競争による複雑な社会構造にしばられすぎて、肝心なことを感じられなくなったのかもしれないね」

ビオはこころもち眼差しを強くして、さらに続けた。

「ただ、お金などの構造の必要性をなくすためには、ある一定の厳正な基準があるんだ。時間をかけて数値化されたようなものではなく、簡単でとてもわかりやすいことだけれどね」

「へえー。一定の厳正な基準？……それで簡単？……どんな？」

「それはね、その世界の人々が自分と同じように他人も大切だと思えるかどうかで決まるんだよ。シンプルでわかりやすいでしょう」

「でも、それだとあまり厳正じゃないようだけど……」と率直に言うと、

「そうか、そうだよね。それでは、シオが理解するためにもう少し説明するね。それは、大きく分けて考えるといくつかの段階に分かれるんだよ。

一つめは、自分だけがいつも一番大切だと思っている人。

二つめは、自分と自分の傍にいる人を同じように大切に思っている人。

三つめは、自分と同じように他のすべての人も大切だと思っている人。

そして四つめは、すべての人を自分以上に大切だと思っている人。

以上の四つに分けられるんだよ。

このなかで、シオの世界では二つめの人たちが多いかな。残念だけれど、一つめの人たちも少なからずいる。シオは、三つめの人たちについてはどう考えるかな？」

「そうだなあ。きっと、いたとしてもとても少ないように思うな……」

「ほんとうはね、僕たちは区分けすることは好きではないんだ。僕たちはだれも人を比べたり分けたりすることなどしないからね。でも、シオの世界ではものごとを区分

けして考える傾向があるから、それに合わせて言語としてははっきりと伝えなければいけないね。答えはね、シオたちの世界には三つめの人たちは決して少なくないんだよ」

「えっ、そうかい？　そうは思えないけれど……」

ぼくは少し驚いた。

「シオの世界はね、たしかに混沌としていてたくさんの悪いことが起きつづけている。でも、だからといって、それが三つめの人たちが少ないことにはつながらないよ。混乱の中や社会の常識の中では見えにくいけれど、心の奥深くに他人を自分と同等に大切に思う気持ちを持ち続けている人たちが、シオの想像よりずっと多く暮らしているんだよ。

シオの社会では、一般にそのような人たちを正しく評価しないんだ。競争に強くて人を支配しようとする者を評価して憧れる傾向もあるからね。彼らはその陰に置かれて目立たないんだ。

でも、ほんのわずかなきっかけで自身のきれいな本心が現れるんだよ。本人自身もそれをいまはまだはっきり気づいていないかもしれない。世界が固定観念や偏見などによる不合理な常識をつくっているから、歩調を合わせる必要を感じてしまっているのかもしれない。だからまわりからもわかりにくいんだ」

ぼくは、その域にまで達するのはとても長い時間が必要だと思っていたから、それを聞いてすぐには信じられなかった。ビオの言うように、まわりの空気に無意識に歩調を合わせているけれど、何かのきっかけによって開花するのだろうか。でも、ぼくは日常そんなふうには考えていなかった。

「さあ、最後の四つめの人たちについてはどう思う？」

「そんなに進化した人は、ぼくたちの世界にはいないんじゃないかな。まるで聖人のようで、多くの人たちからはかえって堅苦しくてつまらない人と思われないかな」

「そうか。いままでの流れだとそう思うのかな。それがね、全体から見るとわずかで、三つめほどではないけれど、一定の数はいるんだよ。もちろん、まわりからもはっきりとはわからないけれどね。

ただ、彼らは自分たちがそうだということを理解していて、まわりのひとりひとりの想念の質を適切に感じとることができるんだよ。そして、自分たちのミッションを意識的に目立たせないように努めている。そうしないと、シオの世界の中ではいっしょに暮せなくなるからね。まわりの人々に歩調を合わせることも、相手を理解する力があるからほとんど問題ないんだよ。

　そして彼らは、決して堅苦しくてつまらないと言われるような人たちではないんだよ。とても朗らかで、思いやりやユーモアがあって、相手の想いを汲みとるのがとても巧いんだ。いつも相手を自分の上の位置に置いているからね。それと、彼らは正しいからといって決して人を説得するようなことはしないんだ。いつでも本人の自由意思を尊重して気遣っているんだ」

「へえー。ぼくたちの中にもそんな人たちもいるんだ。ちょっと自分が小さく見えちゃうね。でも、そんな人に一度も出会ったことないなあ」

「いや、自分が小さいなんて思う必要はないんだよ。そんな気持ちを希望に置き換えてしまいなよ。

　自分を卑下して力を落とすことはないんだよ。それだけ希望があって、より進歩できるものと信じるといい。それも事実だから。恥や卑屈なんて概念は、宇宙にはないんだよ。

シオは、そんな人に出会ったことがないと言うけれど、一度は会っているかもしれないよ」

「でも……そうまでして、彼らはなぜぼくたちといっしょに暮らしているんだい？少ない人数とはいえ、その人たちはぼくたちの世界にいて、この世界はつまらないと思わないのかな？」

ぼくは、自然に湧いてきた疑問をビオに投げかけた。

「そうだね。その理由は、シオたちが感じていることと違わないよ。親が子どもに対して想う気持ちとね。

ただ、彼らはいまの地球世界を俯瞰できていて、さらに、助けたいという強い衝動を持って暮らしているんだ。それをミッションとして感じているんだ。地球の競争意識や社会構造など、人々の想念、意識、それにテクノロジーから生まれたものとのバランスを注意深く洞察していてね」

「それはすごいと思う。でも、もしかしたら、よけいなお世話だと言う人々だっていると思うな」

「そうかい。それでは、シオは子どもの無知な愚行に対してはどう思う。放っておくかな？　たとえば、どこかに大昔の未開の人々が暮らしていたとして、その人たちが隣り同士であるはずの村を互いに傷つけ合っていたとしたらどう思うかな？」

「うーん。ずいぶん過去の人たちより少し世を俯瞰できているから、放っておけないと思うのかな……その世界の狭い考えだけではだめだよ、と。それに、子どもを想う気持ちもあるならなおさらかな」

「彼らが助けたいと思う強い衝動は、その想いと似ているんだよ。ただ、彼らはだれに対してもそれと似た想いを抱いているんだ」

「えー？……だれにでも？……抱けるんだ？」

　このような話をしていると、自分たちの世界の多くの人たちの批判が手にとるようにわかって、思わずぼくは言った。

「そんな精神的な理想論は、複雑なわれわれの社会には通用しない、こどもの戯言《たわごと》ではないんだ、理想と現実は違うんだ、そもそも人間は複雑にできていて、こういう難解な生きものなんだ、この世には競争というエネルギーが必要なんだ、それがあるから良いものができて発展するんじゃないのか、と大勢の人たちが声を揃えるに決まっている」

「その気持ちもわかるよ。半分は正しいかもしれない。短い時間を取り上げて考えると、競争でも良いものができたり、良い人生の物語もできたりすることは理解できるよ。競争のすべてがいけないわけではないからね。

でも、シオの世界でいう現実は、自分たちが社会をコントロールしていないという現実なんだ。巧みにつくられ肥大化した消費社会に支配されているという現実なんだ。

それは、企業、学校、各種のテクノロジーや開発など、社会のあらゆる場面にわたって浸透し根づいていて、消費と競争という大きな社会構造が先頭に立ってあたりまえになってしまっている。多くのことを収益という数字に置き換えている。

なかなか気がつかないかもしれないけれど、多くの場合、競争というものの根底には、まわりを気にかけて自分たちや自分自身のためだけに、という想いがたくさん隠れている。そこから貪欲や欺瞞、争い、プライドや傲慢などが生まれて育ってしまったりもする。それが、みんなが持っている大切な力をだんだんと削いで混乱と無慈悲を誘発してしまうんだよ。

そうならないためには、自分たちの社会構造が俯瞰できるといい。目の前のことだけに執着しているとまわりが見えなくなるからね」

「ビオ、でもさあ。とても残念だけど、ぼくたちの社会では純粋さや思いやりや感謝などの前向きな姿勢が少しも評価されないんだよ。日常の人間関係では、前向きな姿勢の影響は大きくて大切なことも多いけれど、ぼくたちの世界では外交上の国同士の関わりの中でその想いを持つことは、国にとって不利なことにもなってしまうんだよ。なんだかおかしいでしょ」

「そうだね、シオの社会では本音を隠してどの国も自国の利だけを優先しようとしているからね。

でもシオ、考えてごらん。先に話したように、いずれは信頼という人々の前向きの姿勢から生まれたものは社会の構造を大きく変えることができるんだよ。僕たちが克服したようにね。たとえいますぐにはできなくとも、最初は自身の中にしっかりと

『そうだ』と刻んでおくだけでいい。

シオたちの世界では後ろ向きの姿勢が勝っていて、いまは複雑極まりない社会に覆われているけれど、きっかけによって変化していくものなんだ。驚くほどの早さで変わることもあるんだよ」

「そうか。そういう意識をいまの社会構造の中であっても持ち続けられたらいいんだね。そういう人々が各方面で増えるといいけど……でも、少しはいると思うんだけど」

「もちろん、シオたちの社会の多くの場面にも、一途な姿勢と努力によって〝競争という社会構造を超えている人たち〟がいるのは知っているよ。

そうであればオーケーさ。

彼らは、競争というものから一歩抜け出て、競争や固定観念に支配されていない。競争や固定観念の中で生まれた勝利は感動を生まない。競争の中にあっても、それに支配されていない勝利が真の感動を生むんだよ。それは、みんなが心の奥底で〝ほんとうのこと〟を共鳴しているからそう感じるんだ。

シオの世界の多くの人たちが、どこかでそれを感じている。人々が、自分と同じように他人も大切だ、と思うということは、シンプルな基本原理なんだ。聖者の話でも理想でもなんでもないんだよ。

宇宙ではそれが普通なことなんだ。

一度、長い年月をかけて自分たちで築き上げてしまった常識を振り払って、自分と社会を見つめ直してごらん」

それからビオは、間をおいて「ついつい、シオの世界と比べていることが多かったね」と付け加えた。

「そんなことはないよ。とても希望が湧いてきたよ」とぼくが答えると、

「そうか、比べたことを希望に置き換えたんだね」と言った。そうして、微笑みながら続けた。

「多くの悪いことの結果に目を向けてそこに深くかかわることも大切だけれど、それだけだとまわりのことが見えにくくなってしまう。だから、それらを俯瞰して原因をつかみとれる役目の人たちといっしょに知恵をしぼっていけるともっといい。

たくさんの人たちの力は、ひとりひとりが小さく見えても共鳴すると莫大なパワー

になるんだよ」

○ビオの家

ビオの話の続きは永遠にあるように感じた。

自分はもっともっと聞き入れる準備はできていたが、少し整理することも必要だった。

しばらくして、ぼくの中の順番待ちしている次の質問を取りだそうとしたとき、ビオが、「この近くの庭園に友達が二人待っていて、いっしょに話をしたいと言っているんだけど、よかったら行かない？」と、タイミングよく微笑みながら聞いてくれた。

「そうかい。うん、もちろん行くよ」と、ぼくは期待を込めて返事をした。

倉庫のドアを開けるときにいた人は仕事があったので話すことができなかったが、今度は少し人数が増えてゆっくり話せるかもしれないとの期待があった。

「その二人はね、シオとおなじ言語を話すことができて、シオがここに来たことにとても関心をもっているんだよ」とビオが言った。

ここに来てまだ少ししか経っていないのに、どうして自分のことを知っているんだろうと思った。でも、これも理由はすぐにわかった。最初に感じていた違和感よりも、察してくれること自体が自分にとってとても心地いい感じになっていた。


二人のところに向かう途中、まわりの景色を記憶しようと眺めていた。

最初から印象的に見えた建てものは、歩いてしばらくの移動中に大きさや多少の変化はあったが、ここでもまわりの自然にみごとに調和していた。この地に来る前のぼくの地の季節は秋だったが、この進化した未来の地の季節は初夏のように思える。

人影は少なくはないが、その様子は忙しそうには見えない。

ところどころに鳥が飛んでいるのが見え、甲高い鳴き声も聞こえた。雲の形や樹木など、自然だけをとれば、どこにもありそうな風景だった。

だんだん近づくと庭園は広々としていて、ここもどこかにある風景のように感じたが、置かれているベンチやテーブル、そのほかのものが、そのものの機能はあるけれど、見た目では景観のための造形物のようだと感じられた。きっと、どこでも景観には大きな配慮があるのだろうと想像できた。それは、デザインというよりは自然と機能とのみごとな調和のようだと言ったほうが近いかもしれない。

そのそばにも遠くにも、人は何人かいる。しかし、笑い声や掛け声のような声は多く聞こえるけれど、話し声が非常に少ない気がした。それが決して寂しいものでなく、むしろ心底その場をみんなで楽しんでいるように感じられた。日差しから午前中のようだが、子どもから大人まで、さまざまな年齢の人たちが見える。

いまは週末なのか平日なのかわからないけれども、そもそも曜日や月日の考えかたも違うのだろう。

よく眺めていると、人々の表情がとても豊かで、動きによって変化する姿勢も優雅さを伴っているように見える。思い込みではなく、身体の仕草などの些細な動きもきれいに調和がとれているように感じる。

自分の世界では、せわしい動きやしかめ面《つら》や猫背はふつうのことなので、それは体験したことのない光景で、その違いが少し不思議な気もした。ここでは、まるで背景と人物が同化して動いているように映るのだ。

「そうだね、人々の間に以心伝心がだんだんと築かれていって、齟齬なく想いが伝わるようになってきたからね。そのせいで、相手の身体の動きや表情もまわりの自然と共振したように見えるのかもしれないね」とビオが説明した。

やがて、二人が待っているところに着いた。今度はどんな話ができるのだろう。そうだ、また名前をつけておこう。男女二人だから一人は女性の「ミュー」、もう一人のほうは男性の「アム」と呼ぶことにした。

二人ともぼくの話す言語を知っていたようなので、言語での会話は問題ないのだろう。

三人は、最初は表情で挨拶をしたようで、ぼくにも笑顔でおなじしぐさをした。

二人ともビオにおとらず明るい様子で、背丈はミューが少し低いがほかは自分も含めて同じぐらいに思える。ここに来るあいだに、やや遠目に見えた人たちも含めて表情がとても豊かで、屈託のない素朴さがあるように見えた。

三人はみんな年齢に大きな違いがないように感じるが、とくにアムの表情にはまるで子どものような純真無垢なものを感じた。ぼくの言葉ではこれ以上の表現はできないが、きっとそれぞれの個性の内面がそのまま外に表れているのだろう。

ここでビオが急に、「よかったら、これからみんなで僕の家においでよ」とみんなを誘った。

突然だったこの言葉を聞いたぼくは、心底うれしかった。この未来世界の人たちの貴重な暮らしを体験できるからだ。それは、今日いちばん望んでいたことかもしれない。

「僕のところはね、ここからすぐ近くにあるんだ。子どもが三人いて五人家族なんだよ」

ビオのこの言葉に、自分たちの世界と少しも変わらないなと思った。きっと楽しい家族なのだろう。

家に着くと、建てものの雰囲気は以前から見ているものと似ていて、二階はないように思えたが、屋根の一部がドームのように張り出していた。ドアは、ぼくたちのものと変わらず片手で開け閉めするもののようだった。ただ、その形状は外壁に沿って曲がっていて、取手もないように見えた。

すぐに中から女性が出てきて、笑顔でみんなを出迎えてくれた。ぼくも挨拶した。

彼女は当然ビオの妻だと思うが、この世界の婚姻などのかたちまではわからない。とりあえず名前はリノと呼ぶことにして、みんなに伝えた。

「どうぞ」というリノの仕草で、幅の広めなドアからみんなで同時に中に入った。ドアは自分の世界のものと同じように片側の直線部分を支点として手で開け閉めするようだが、自動にもなるのかもしれない。閉めたときの隙間はほとんど見えず、閉めたときの音もしなかった。

まだ日が高いのか、部屋の上の部分がとくに明るかったが、太陽光は直接には部屋の中まで差し込んでいなかった。ちょうど薄日の曇り空のようだった。

ぼくがきょろきょろとしているところを見て、ビオが答えてくれた。

「この住居の外側は、まわりのほかの住居とあまり変わらないけれど、室内はそれぞれの住人の好みに応じて少し違いがあるんだ。この家では薄日のような淡い光が好みだからこの感じだけれど、それぞれの住人の好みや時間に対して何通りかに設定できるんだよ。それは微妙に調整できるので、たまにそのときの気持ちとか季節などによって日を差し込むようにすることもあるんだ」

○こどもの部屋

ソファーのようなものはいくつかあるけれど、座の部分は少し硬めで背もたれ部分の形がいびつなものに見えた。もしかしたら座る位置を変えられるのだろうか。

「うん。でも、座っている人自身が座る位置を変えることによっても、少し座り心地が変わると思うよ。座る人の骨の構造を記憶して心地よい形に変えることもできるんだ。ふだんはその必要はないけれどね」とビオが補足した。

そのあと、ここにいる五人みんなでソファーに座って雑談（？）をすることになるのだけれど、話の主役はきっとぼくになってしまうことだろう。おもにぼくが聞いて、みんなが答えてくれる。この状況なので、それはそれでやむをえないことだけれど、ときどき彼ら同士の会話を外から眺めてみたいと思うこともある。

「そうだ。せっかくお客さんがたくさんいるので、みんなで子どもたちに会ってくれないかな？　三人のうちの二人は奥の部屋でゲームをしているから紹介するよ」とビオが言った。

自分にとってはとても良いタイミングだった。でも、自分たちの世界ではふつうだけれども、この世界にもゲームというものがあるのかと少し驚き、ちょっとした安堵感も覚えた。

子どもたちの部屋に向かうと、何やら楽しそうな叫び声と笑い声が聞こえてきた。

二人の子どもたちは、みんなに会うといったん手を休めて、それぞれにていねいに挨拶をしたが、子どもだとはいえ、そのときの笑顔はとても豊かな表情のようだった。

そしてすぐにゲームに戻ると、続きに夢中になっていった。彼らの年齢は幼稚園生ほどに見える。

「このゲームをよく覗いてみてごらん、面白いよ」と、ビオが急かせるようにいった。

よく見ていると、いろんな形をしたオモチャ（？）とトランプに似ているようなカードがあった。手に持っているカードはトランプの図柄とはすこし違っていたけれど、二人とも笑い声やかけ声が途切れることがなかった。どうやら、そのカードは私自身が学生のころに流行っていた、トランプの中では単純なルールのポーカーのようだ。

「そのしくみはね、各自でそのカードを何枚か持っていて、相手のカードの記号に向かってお互いに意図する想いを送り合うんだ。そうすると、相手のカードの記号が自分の放った想いを取りこんだ記号になって、あるストーリーがそこにでき上るというしくみなんだ。

例えば、いつ、どこで、だれが、なにを、どうして、そうなったか、などのように分けてね。似たものはゲームとしてシオのところでもあったと思うよ。

何度かやり取りをして、最後に出来上がった各自のカードを見せ合って、みんなでそのストーリーの滑稽さに笑いころげたりするんだよ。そして、それを何パターンもつくって遊ぶんだ」

最初にこの様子を見たときには、とても簡素な遊びの印象を受けたけれども、これはもはやゲームではないように思う。カードはやや厚めな硬い紙のようなものでできていて、とくに特殊な仕掛けや素材だとは感じなかったけれど、記号の形がすぐに変わっていく様子は見ることができた。

「それぞれの子どもたちの想いをカードが取り込むようにつくられていて、できあがった物語はユーモアとか滑稽さ、共鳴、音響などたくさんのテーマがあって、面白い結果が多くできるようにできている。これによって子どもたちは想いを伝えたり受けたりすることが楽しくなって、自然に以心伝心による会話力を育む手助けになることができるんだよ」と、今度はアムが答えてくれた。

「もちろん、こういうしくみはすべてのゲームにあるわけではなく、この遊びも子どもの成長期の一時期のみに限られているんだ。この子たちには、まもなくその時期の終わりがやってくるけれどね」とビオが補足した。ビオは、子どもの成長に大きな関心を寄せているようだった。

ぼくは、学生のころカード遊びは好きだったけれど、その遊びのなかでも単純なポーカーはとくに好きだった。うまく説明できないけれど、何か直感のような作用がはたらいている感じがあって、それが理由でこのゲームに惹かれていたことを思い出した。意識こそしてはいなかったかもしれないけれど、それをほかの人たちも感じているから楽しいに違いないと思っていた。

しかし、自分たちと似たような遊びなのに、こちらははるかにその機能を超えている。

もうひとつのオモチャは、いろいろな形をしたものがいくつもあり、大きさは手のひらぐらいの、いびつな形をしていた。素材は木製のようで、積み木のようにも感じたが、手にとると軽いのに表面が黒檀のように硬い艶のあるもののようだった。

とくにこのオモチャについては、この世界の〝オチ〟はないのかもしれない。

「これはゲームというよりは、積み重ねて自分の想いどおりの形に表現するためのものだよ。ただ、部屋の奥にもっとたくさんの量と種類があって、それぞれがどの部分であっても自由に固定できるんだ。すぐ固定を解除することもできるよ」とビオが言った。

やっぱりオチはあった。

単純な感じには見えたけれど、それは自分たちの世界ではとうてい成しえない高度な技術なのだ。これも、ぼくの理解を超えた原子構造や素粒子の振動に関することなのだろう。

「もちろん、ここでは競争とか優劣などの想いは子どものゲームにもないんだよ。もっとも、シオたちも同じように考えているように、森を歩いたりハイキングしたり歩いて行動することはとても多いよ。子どもが自然との共存から得るものを育むことができるからね」

ここで小さなハプニングが起きた。ドアの隙間から数匹の動物が部屋の中に入ってきて、嬉しそうにみんなのまわりをまわり始めたのだ。その種類は、猫とウサギのような動物と大きめなインコのような三匹で、大きさは三匹とも同じくらいに見える。歩くのが遅いインコは少し遅れてやってきた。

「ああ、急にごめんよ。この子たちは僕たちの相棒なんだ。とってもいい子たちなんだよ」

ビオの言葉どおり、初めてのはずのぼくにも同じように接してくれている。ここまでは自分たちの光景と大きくは変わらない。でも、何か思慮深いしぐさがあるように感じたのは思い過ごしではないと思う。

「うん、少し違いがあるかもしれないね。それは、この子たちの絆はとっても強いんだよ。たぶん、シオの世界でもあることと思うけれどね。

動物も、生きている世界の人々の想いを強く受けて生きているからね。一緒に過ごしている人たちはもちろん、その世界や地域ならではの人々の想いも受けとっているのはどこでも同じさ。おなじ種の飼い猫や犬をよく比べて観察すると、飼われている国や地域で性格や雰囲気が違っているでしょ。人も同じように変わるよね」

「ここでも野生の動物は多いと思うけれど、ぼくたちと同じように自然に暮らしているんでしょ？」と聞くと、ビオが答えた。

「もちろんだよ、どこに行ってもね。シオはまだこの地に住んでいる野生の動物を見ていないと思うけれど、多くの人たちは気持ちが伝わり合って接しているんだよ。

僕たちのコミュニケーションは言語表現ではなくて以心伝心が主体だから、想いを直接動物から受け取ったり伝えたりしている。だから、野生の動物であっても僕たち人間をあまり警戒しないんだよ。

野生の動物でも、自分の想いが〝伝わっている〟と感じると、相手に対する態度がまったく違うんだ。

シオのところでも、野生の動物に対してとても親しく接することができる人がいるでしょう。それはそういう理由があるからなんだよ。

動物に想いをよせる一生懸命さが持続して、以心伝心が少しずつ育まれてくるんだね。そして『好いてる』という想いが重なると、さらに絆が強くなるんだ」

ビオのこの話は、人間の世界にもまったく同じ原理がはたらいているのだとぼくは理解した。ただ、人間同士の場合は、必ずしも以心伝心を育むことが先ではなく、自分自身の心と意識のありかたを先に考えることが順序なのかもしれない。

○リノのおかげ

少し経ってから、リノが飲みものと、なにか菓子のようなものを入れた皿を出してくれたので、さっそくみんなでいただくことにした。

飲み物は、パッションフルーツに似た、やや香りのある生のジュースのようだった。甘味はひかえ目で、酸味がある果物のように感じた。

「これは今朝収穫してきた果物で、いまが旬だからみずみずしいでしょう。もちろん、その果物以外のものは何も混じっていないよ。ここでは、消毒さえまったく必要のない方法で果物や野菜を育てているからね」とビオが言った。

お菓子のほうは、自分たちの世界では普通に見かける栄養バーに似ていた。香りは高めで甘味は薄め、とりたてて美味しいとは思わなかったが、バーの中にぎっしり入っている乾燥果物らしきものが、鮮度を保っているというか、とりたての果物が乾燥せずにそのまま硬くなっていたことに驚いた。きっと栄養価が高いのだろう。

両方ともそれぞれの香りがあって、その後しばらくはとてもすがすがしい気分だったことを考えると、絶妙な組み合わせであることが窺えた。

このとき、しばらく前からか、ふと不思議に思うことが頭をよぎっていた。これは、もしかしたら思ってはいけないことなのかもしれないけれど、リノだけが自分と同じ言語をほとんど話さないのだ。もちろん、昔の言語については、この世界にも話せない人たちもいっぱいいるのだろう。ビオですら思いだすのに少し時間が必要だったことだし。

でも、表情に微笑みの感じはあるけれども、様子が何かぎこちない感じがしていた。

ぼくのこの想念を感じとったビオは、すぐに話し出した。

「リノはね、人から話された内容を汲みとるのに少し時間がかかるんだ。生まれつきでね。

でも、いまはずいぶんよくなってきたんだよ。シオたちのところより少ないけれど、僕たちの世界にもリノのような心の問題を抱えた人たちは一定数いるんだ」

これを聞いたぼくは驚いてしまった。このようなことを、みんなの前で平然とビオが話しているからだ。ぼくはリノに大変申しわけない感じがして、ビオにも詫びたかったが、いったいどうなっているのか、この状況が理解できなかった。

するとすぐにビオが続きを話した。

「だれでもそうだけれど、そういう人たちが他の人たちとくらべて未熟だとか劣っているとか、優劣の想いをぼくたちは抱かないんだ。ただ、みんなの中にそういう人が一緒にいると思うだけ。同じ摂理の中にね。

僕はリノとともにいたいと思う。

それだけさ。

リノのような人たちが一緒にいてくれるおかげで、この世界の人たちの充足感がより広がるんだ」

ぼくがリノに顔を向けると、リノもうれしそうに笑顔でうなずいた。ぼくは、このことに気を使ったことに少し恥ずかしさを感じていた。

この地では、まれだけれども、もし体の調子を崩したりケガをしたときには、音の振動と患部組織の振動を共振させるような方法ですぐに緩和させることができ、そのための医療処理機が各家庭にあるという。

けれども、リノのように精神や心に関することに対しては、そういう方法はとらず、家庭のなかで互いに充足した平穏の中で暮らしながら時間をかけて自然に緩和する方法をとるらしい。この地の人々は、そのような人たちを好んで受け入れようとする意識が高いからか、だれもそのことで悩む人はいないようだ。もちろん本人さえも。


外はすでに暗くなっていた。

ここで、みんなで相談して少し休憩をとることにした。

ぼくはこの時間を利用して、目を閉じていろいろとあった出来事を回想することにした。

すべてが印象的なことだったので、どこから手を付けていいのかわからないほどだ。

彼らの眼は澄んでいて、話し相手に対して並々ならぬ情をもって接しているのがよくわかる。彼らに会ったら、ぼくにかぎらず、自分たちの世界のだれでもが同じように思うはずだ。

彼らが特別なのではなく、ここではふつうなことで、だれでもそうだという。その光景をリアルに伝えようとすると、ぼくにはこれ以上言葉で形容することができない。

いま、もし前の世界にもどって友達や知人、家族にここでの話をしたとしたら、すぐには信じてもらえないだろうことは想像できる。けれども、もし信じてくれた人がいて彼らに会ったとしたら、この地の人々の〝人の想いを感じとる力〟には、多くの人たちは最初煩わしく感じるだろう。楽しい前向きな気持ちばかりではなく、人に知られたくない小さな秘密や警戒、嘘、恥ずかしい気持ち、些細な怒りや懐疑心など、自分たちの世界ではそのようなことを意識しなくても内心に少し含んで接している場合もあるからだ。それを日常として暮らしているし、それがとくに悪いことだとは思っていない。

けれども、不思議なことに、自分の心の中を見透かされているような奇妙な違和感は最初のあいだだけだった。いまはまったく起きていない。それどころか、いまは大きなここちよさを感じていて、それが気持ちの中に定着しているのだ。きっと、ここにいるみんなに聞けばすぐにその理由を説明してくれるだろう。

それでも、ぼくはどうしても自分自身でそれをわかりたかった。

体のどこかでは納得しているのに……。

……そうだ。もしかしたら、彼らは相手が伝えたくないという想いは受け取れないのかもしれない。相手が放つ〝伝えたい想い〟だけを汲みとり、それ以外の想いは感じ取ることができないのかもしれない。……きっとそうだ。

相手が無意識に放つ〝伝えたくない想い〟は、この世界の人たちには感じとる必要のないものとして、各自の奥底にある何かが事前にふるいにかけてしまうんだ。きっと自然にそうなるんだ。それが共鳴（精神感応）の原理の一面なのかもしれない。

そうだとしたら、彼らと一緒にいるときに起こる、ここちいい信頼を伴ったなんともいえない安堵感が理解できる。大きな欺きなどを相手が想い描いている場合には、彼らは警告という印象で自然に受け取ることができるのだろう。信頼の対極にあるものは欺きだからだ。きっとそうなんだ。この世界では欺きなどはあり得ないことだが。

すこしの休息のあいだに、いろんなことが頭の中を駆けめぐっていた。

しばらくの間、話に熱中して忘れていたせいか、いつもの症状が起きてきた。そうだ、身体のほうの休憩も少しとらなければ。

ちょっと戸惑ったけれど、ここではその場所がどこなのか、ビオに声をかけることにした。

すぐにビオは案内してくれて、何もない壁にいつもと同じように手をかざして入り口を開けてくれた。

「どうぞ。使い方はシオたちのものとそんなに違わないから大丈夫だよ。ただ、使用者の状態を感知して、洗浄と殺菌、乾燥、脱臭などが一度で処理できるけれどね。腰かけて済ませるだけで、何も心配いらないよ」と言った。でも、自分たちの旧式（？）に慣れているので、最初は勝手がわからなかった。

室内は壁の継ぎ目が見あたらず、ここも薄日に似た、落ちついた明るさだった。戻るときは、自分で手をかざすとドアが開き、出てから同じ操作をするとドアは閉じた。やはり、隙間は見えなくなっていた。

泊まっていくことになったせいで落ち着いたのか、気がつくとずいぶんおなかもすいていた。

「ああ、そうそう。いま、リノがみんなの夕飯をつくっているんだ。楽しみにしていてね」

いつものように、ビオがタイミングよく声をかけてくれた。

「そうか、ありがとう。ちょっと料理しているところも眺めてもいいかな?」とついでに聞くと、待っていたかのように「もちろんさ、見てごらんよ」と言った。

台所に近づくと、リノがなにやら手にもって野菜を刻んでいた。はじめは、手のしぐさから包丁なのかと思ったが、よく見ると刃にあたる部分が細い線状のものになっているようだった。

「これはね。昔の包丁に機能は似ているけれど、刃にあたるところが一本の細い線状のビームのような方法でできているんだ。包丁の刃にあたる断面は薄い板状にもできて、ズームして自由に変えられるよ。中型機のドアの隙間のしくみと反対の構造でできていて、手がふれても安全でケガをしないんだ」

ビオがていねいに説明してくれたが、あまり料理用品に興味があったわけでもないから、ここは少し聞き流していた。

やがて、できあがった料理がテーブルに置かれた。新鮮な色艶をした、いくつかの種類の野菜が大きなボールに盛られているが、野菜の中で、明らかに同じものとしてはトマトがあった。

そのほかの数種類は、似ているものはあっても、どこか少し違う程度だろうか。自分たちの世界の国や地域による違いと大きくは変わらないのかもしれない。ただし、トマトは旬の強い甘酸っぱさを伴った香りがそっくりだ。調理は、そのものの味の特徴を失わないよう、自然な処理をしているらしく、調味料のようなものは使っていないようだった。でも、味わってみると、それぞれの種の野菜の特徴がみごとに保たれていて、調味がされているのかどうかわからないほどだった。

「収穫したあとに簡単な殺菌処理はあるけれど、とくに野菜の調理方法は旬と新鮮さに気を配っている。それも、シオのところとあまり変わらないでしょ。世界中の野菜や果物を食べることはできるけれど、暮らしているところの風土に合うものをおもに食べているんだ。

ここでは、好みとして感じる食べ物はその人の体の要求にも添っていると考えているんだよ。シオたちの世界にも同じように考えている人たちもいるし、そんなに変わらないと思うけれどね。ただ、みんなよく味わいながら時間をかけてよく噛むんだよ。いっしょに笑ったりもしながらね。

よく噛んで楽しく食事することは、医学的に身体に良いだけでなく、少し大げさだけど無意識に収穫物に感謝の意をあらわしていることにもなるんだ。ちょったしたことだけど、これは科学的なことでもあるんだよ。だから、子どもたちにはそれを習慣として定着させているんだ。シオの世界でも一部ではそう理解してると思うよ。でも、些細な話だから神妙に思わなくていいよ」

アムがそう言って笑った。

少し前から気がついていたけれど、テーブルに置かれていたサーバーのようなものが木製で、しかも手づくりされているように見えたので、それも尋ねてみた。

「ああ、これはリノと僕とでつくったものなんだよ。自分の手でつくるのはとても楽しいいし、充足感や達成感もあってね。ここの世界では、だれもが好んで物をつくるんだよ」とビオが言った。

「でも、時間もかかるだろうし、ぼくのところでは買ってしまったほうが時間の節約もできるし、多くの人たちはそう考えているよ」と言うと、

「そうだね、きっとそれは、ここがシオの世界より時間が豊富なせいもあるからかな。シオたちの世界は時間に追われているからね。僕たちは単純な社会だからたくさん時間があって、みんながそれぞれの自由を堪能しているからかもしれないね。

もうひとつはね、手づくりすることはほとんどの人たちが好きなんだ。シオのところでも、つくったものは温かみがあると言うじゃない？　僕たちも同じにように感じて楽しんでいるんだよ。

シオたちが自分たちの未来を想像すると、すべてのものが変化していると思うだろう。たしかに、必要性のあるところには大きなテクノロジーが関わるよ。でもね、実際はすべてがそうではないんだ。僕たちは、便利さを過剰に取り入れないんだよ。

シオたちも含めた昔の人たちの文化の中には、作品や物づくりに時間と情熱を持って独特のものをつくる人たちがいるでしょう。音楽や美術、工業技術など、さまざま

な分野でね」

ビオのこの言葉を聞いて、なぜかほっとしてしまった。自分はつくることが考えることより好きなせいだろうか。

「あっ、そうだ。こっちのサーバーのようなものは手づくりで、柄《え》だけは木だけれど、先は木製ではないんだよ。先端の形状を瞬時に変えて、その時の調理の都合に合わせて使うことができるんだ」

そう言って楽しそうに笑った。

◯干渉はできない

そう言えば、少し前からいくつかみんなに聞きたいことがあったので、いま尋ねてみることにした。

「質問があるんだけど、いくつか聞いてもいいかな?」というと、みんなは一斉に

「もちろんさ。聞いて聞いて。どんなことだい？」と返してきた。

「ひとつはね、みんなの年齢なんだけれど」と尋ねると、まずミューが、

「ああ、そうね。それは忘れていたよ。私たちはそのことにあまり関心がないからかな。

じつは、私たちのところではシオの世界に比べるとずいぶんと長生きするんだよ。シオの世界の基準に比べて老化というプロセスがほとんどないからね。寿命は、およそシオたちの平均の二倍から三倍ほどかな。なかにはそれ以上の人もいるよ。ここにいる私たちの年齢もシオの年齢の二倍以上じゃないかな」

なんとなくそうだと予想はしていたけれど、実際に聞くと、よりインパクトがあった。二倍から三倍ということは、ぼくたちの世界に比べるとすごい年齢だ。

「えー、そうなんだ。少し予想はしていたけれど、ストレスや忙しさがなく、ゆったりしていて病気にならないからでしょう？」と聞くと、

「そうね。複雑な社会構造と〝悪いこと〟からの解放は大きいかもしれないね。子どもの吸収力が大きい時期はシオの世界の年代より早く訪れるけれど、大きくは違わな

いよ。

大きく違うのは、年配の人たちの俯瞰的にものごとを捉える力が大きいということだと思うよ。人生の後半は、経験の積み重ねだけではなく、ひとつの特徴としてしっかり現れてくるんだよ。だから私たちも、とても頼りにしているよ。もちろん、偉ぶったり自慢したりの話はまったくないしね。

その代わり、毎日楽しいことを探し続けているような人も多くて、みんなユーモアの達人のようなのさ。個性についても、長い期間の体験などと合わせてひとりひとりの持ち味の違いが大きくなっていくんだよ。年齢を重ねると各自の特徴が豊かになるんだね。

もちろん、年齢というものによる不都合のようなものはないから、シオたちの言う老化という概念が私たちにはないんだ」と笑って答えた。

ぼくたちの世界でも、笑いや愉快さなどを多く取り込むことによって、健康な状態でいまより長生きできる可能性がじゅうぶんあるのだという。笑いが健康に良いという理解はぼくたちの世界でも同じだ。

「二つめの質問は、この世界共通の信じているものなんかはあるの？」と、単刀直入に聞いてみた。

「もちろんだよ。それは、とてもしっかりとした信念として、この世界のすべての人たちの中に築かれているんだよ。〝いしずえ〟としてね。当然、それは人が手を加えることができないものなんだ。

それを感じ取ることができれば、それだけで十分意味があるもの。いつも思うんだけど、大切なものほど言語表現（名称）が難しいんだよね」とビオが言った。

たしかに、いまになってみると、ビオの言う言語表現での意思疎通が難しいという意味が少しずつわかるようになってきたと思う。

ふと見ると、アムが何か思い出していたのか、想いをまとめているようだ。いつもは屈託のない丸い目をしているけれど、このときはすこし目を細めたりしていて神妙な面持ちで話しはじめた。

「ただ、信ずるということで少し気になることもあるんだ。シオたちの世界では、大昔に聖者と言われていた人がどの地域にも存在していたでしょう。そして、多くの人々に対して真理を説いていた。それを聞いていた人々は『偉大だ』とか『高度な意識だ』と言って聖者を崇拝するようになっていった。けれども、聖者が望んでいたのは、偉大さや崇拝といったものではなく、ただ真理を理解してほしかっただけだった。『偉大だ』という言葉や『崇拝』という行為は、彼らにとって残念なことでもあったんだ。なぜなら、彼らと人々との間に、あってはならない大きな壁を築き上げてしまうからなんだ」

「あれっ、いまアムは『彼ら』とか言わなかった？……聖者のことを」と、ぼくは途中で話を遮って尋ねてしまった。

「ああ、そのことかい？　僕たちは、敬語や偉大だとか高度だとか上だとか下だとか、そんな気持ちはだれも持っていないんだよ。もちろん、聖者自身も望んでいない。人が進化していくと、だれでもそうなるんだ。そのほうがずっと気楽で自由でしょ。余計なしがらみがあると、きれいに意思疎通できないからね。

　むしろ、宇宙から見ると地球の『崇拝』とか『高度な意識』などという想いはとても滑稽に見えるんだよ」

そう言いながら笑っていた。それを聞いて、なぜかぼくはすぐに納得してしまった。

「それでは続きを話すね。現在のシオの世界では、心や精神、啓蒙、自己啓発、スピリチュアルなどの概念の中に、真実だと考えて主張し仕事としている人もいる。ここまではとくに問題はないかもしれない。

けれども、それらのことを、社会を生き抜くための個人的な過度なツールにしたり、自分を顕示したりするための道具にしている人たちもいる。その中には、人のためにしていることだからと言って組織化したりして人を集めたり説得しようとする者たちもたくさんいる。そういった行為を起こしてしまう人たちの心の中には、思いやりと信念が不足している。というか、後ろ向きの力が前向きの力を超えてしまって、利益を得ることを最優先し過ぎている。

彼らは、自分を巧みに美しい言葉で着飾って純粋な人たちを誘惑している。

もっと言うと、その行為に隠れている偏見、カリスマ性などに偶像崇拝的ないびつが重なって多くの人たちを混乱させている。双方には、集合意識と集団催眠とを混同している人たちさえいる。これらは、これからやってくる未来に希望を持って心や精神についていて必死に考えて生きようとしている人たちを失望させている。

このようなことは、シオの社会では古くから起きている地球特有の現象なんだ。これによって、残念なことに純粋で無垢な多くの人たちの心が犠牲になっている。一途に心や精神のあり方について研究をしているたくさんの人たちにとっても、このことが弊害にすらなっている」

「うーん……」

ぼくはしばらく言葉を返すことができなかった。やがてぼくは言った。

「そうか。あまり考えてなかったけれど、ぼくたちの社会が知らないうちにそんなことにまで矛盾をつくりあげてしまったのか……もっと自分たちの社会の様態を見ることもしないと駄目なのかなあ」

ぼくがそう話すと、アムは続けた。

「もし僕だったら、世の中に起きている大きな出来事にまず〝関心を寄せる〟ことから始めると思う。多くの人が『遠くの出来事だから』とか『自分に関係がないから』と思っていてもね。まわりに漂っている、つくられた常識に左右されないでいたい。

自分の目先のことや生活のことで大変だったとしても、世の中で起きている大きな出来事に〝関心を寄せる〟ことは、いまのシオの世界では多くの人々ができるはずだよ。ただそれに目を向けるだけでいいのだから。

小さな子どもは、まだまわりが見えないけれど、そのせまい環境のなかで精いっぱい遊んで勉強し、必要な情報を吸収していく。そして、大人になるとその蓄えた情報をもとに社会というまわりも見えるようになって、さらに視野が拡大していく。やがて、世の中に見える環境に関心を寄せて、自身と環境（現状）のありかたに対しても考えはじめる。これは、だれでもが通る道筋なんだと思うよ。だから、ぼくたちが〝関心を寄せる〟と、いずれは解決していくものなんだ。みんな同じ道筋を通った大人がつくったものだからね。修復できるはずなんだ。

多くの人たちがその姿勢を起こすと、ほんとうに世界が変わり始めるんだよ。

個人の向上をめざすうえでは、理想や啓発なども悪くないかもしれない。けれども、その中に人々とともにという意識が含まれると、さらにいい。宇宙は〝ともに利する〟ということが大好きだからね。

個人を利することには時間がかかっても、人々がともに利することでパワーが増幅し、短い時間で実現するものなんだ。だから、世界に起きている出来事は巨大に見え、手のつけられないように感じているとしたら、それは間違っている。それは、自分たちひとりひとりをわずかに改善することと、さほど違わない。

一部の者たちだけでなく、多くの人たちによってつくられた社会構造に感化され、支配されて、自分を見失っているだけなんだ。その常識に抵抗して、世の中からはずれた変わり者だと思われないように、とね。多くの人は、たとえ正しいことを考えていても、まわりから変わり者と思われたり無視されたりすることを極端に嫌ってしまうんだ。

それに、その世界に起きている間違った出来事は、一部のだれかが起こした結果と考えるのではなく、多くの人々の利己だけでなく無関心という集合意識がつくり上げてしまった結果だと理解するんだよ。

彼らの意図に乗って盲目になってしまっているのは、古くからある〝ほんとうはどう生きるべきなのだろう〟という、人間としてあたりまえの意識がみんなに足りないからなんだ。新しくてカッコいいほかの理由などないんだよ」

それからひと呼吸おいて、アムは続けた。

「でもね。これらのことにも、さらに大きな争いなどにも腹を立て続けてはいけないよ。それよりも、自分たちが自身に対してしっかりとした基盤を敷くための出来事として見ることができたらいい。そして、そこで見えた原因に賢く対処していけるといい。そうしたら、あたりまえになっている消費構造という社会は、自分たちの心のありかたを確かめるためにできたもの、として捉えられるようになるかもしれない」

「うーん、俯瞰的に考えるとそんなふうにも捉えられるんだ……ぼくたちはもっと意思疎通できるといいんだけれど」と返すと、

「そうだね、いまのシオたちの地球社会の構造は、ずいぶん昔から自分たちでそれが必要だと考えてできたもの。それと同時に、人々の交流と意思疎通の必要性に促されてできた結果でもあるんだよ。つまり、〝人々との交流の中で揉まれて生きなければならない〟という環境を自らが生んだんだ。その中で揉まれながらいまをしっかりやればやがては調和や信頼などを育んで深く意思疎通できるようになるんだよ、とね。

僕たちの社会では、そういう環境が必要とされることはないんだよ。〝人はみんなで力を合わせて生きるもの〟という原理を学んでいるからね。

そしてシオ、よく考えてほしい。〝人はみんなで力を合わせて生きるもの〟という言葉は、子どもたち向けに学校で教えられる話だとシオの世界の多くの人々が思ってる。けれども、この言葉の真意はとても深く、多くの情報（智慧）を含んでいて、ほんとうは大人たち自身が最も理解しなければならない大切な概念のひとつなんだ」

「……そうか……アム、少しわかったかもしれない。ぼくたち大人は子どもには大事な言葉を投げかけているけれど、自分たちは自身の無知と弱さからつくられた〝大人の事情〟というものに置き換えてしまっているんだね。だから、戦争や飢餓などが〝大人の事情だからやむを得ない〟ものとして意識の中に潜在していて、いつになってもなくならないんだね。

もしできるんだったら、アムたちがぼくたちのところに来て、みんなにそのようなことを伝えてくれたらいいのに。中型機で時空を超えて来れば、みんな驚いて、どんな話でも聞き入ると思うんだけれど」

そう話すと、アムは少し笑ったあとで答えた。

「うん、そうだね。そんなことができたらいいのかもしれないね。シオたちの世界には、前向きの人たちがいて、たくさんの後ろ向きの意識が多い人たちもいる。だから、もう少し心と意識の進化が必要だとは思う。

でも、だからといって、シオの世界に行って『僕たちの言うことを聞いてほしい』とか『僕たちの世界に来ればより良くなるから、こっちにおいでよ』とは言えないんだ。いまいるところがその人たちにとっていちばん必要な、学ぶべきところだからね。もし、そこに混乱や〝悪いこと〟が起きているとしたら、その状況（結果）を克服してより賢くなれ、ということなんだ。そういう人々のつくり上げた必然が意味をもって現れているんだよ。だからそこにいるんだ。だれであっても、自分自身で学んで気づくことができる最も適した環境に置かれているからなんだ。わかるかい……シオたちの世界で必要な意義のある均衡を、僕たちが干渉して壊してしまうことは絶対にできないんだ。干渉してはいけないんだ」

うーん。このような均衡が敷かれているとは考えもしなかった。でも、このことは自分たちでなんとか理解しなければならないのかもしれない。

　けれども、どこまでが伝えるべきことで、どこまでが干渉なのかは、とても難しい判断なのだと思う。彼らは、遠い過去に似たことを経験したことがあって、克服したその体験をもとに理解しているのだろうか。みんなはいつでも手を差しのべたい想いでいるけれど、どこで均衡を崩してしまうことになるのかのサジ加減は、進化した彼らならではの筋道に沿った考えがあるはずだ。

　もう少し話しを聞いてみようとも思ったが、アムの顔はおおむね理解されたという表情だった。


　聞き終えて、ぼくはしばらく部屋の天井に目をやっていた。天井からは、磨きをかけた鮑の殻のようなきれいな虹色の光がときおり放たれているのが見えた。

　アムの話の後だからなのか、その虹色の光はドーム形の躯体の素材による反射のはずなのに、ぼくの錯覚なんだろうけれど、こころもち呼吸をしているように感じた。

　いつもだと、ときおり時計に目をやったりする癖があるのだけれど、一度もそう思わなかった。それに、この地には時を刻むようなものは何もなさそうだ。

時間は気にせず、この際、たくさん聞いておこうと思った。

順番待ちをしている三つめの質問をしてみた。

「このことも気になっていたんだけど、ぼくたちの世界では、こう感じる人たちも多いと思うんだ。

それはね、ぼくたちの世の中に起きている大きな問題を克服して、ここの世界のように進化できたとすると、場合によってはつまらない世界になってしまう、と思う人もいるのではないかということなんだ。みんな平和で退屈で窮屈になってしまってね。多少の悪さや身勝手さもあってもいいんじゃないかと思ってね。いまの地球は〝悪いこと〟と〝良いこと〟が共に存在している。でもだからこそ、それとの葛藤もどこか必要でもあって、それをどこかで克服したいと思うことも大事なような……」

少し曖昧に話すと、今度はミューが答えた。

「そうね、それはたしかに曖昧な質問かな。言葉の中だけではそうだと共鳴する人もいるかもしれないね。けれども、いま起きている地球の現状は、考えられないほどの凄惨な状況に多くの人々が置かれて苦しんでいるんだよ。彼らを無関心や曖昧さで欺くわけにはいかないよ。〝悪いこと〟と〝良いこと〟が存在するから充実するなんてことはないんだ。〝悪いこと〟にしっかり対処して、克服した結果に充足して満足するんだよ。同胞に起きている悲惨な現状を、遠くのことだからと曖昧にしてはいけないよ。もっと想像をはたらかせて、しっかりと彼らの身になって考えてごらん。

広い視野で社会に起きていることに関心が持てず、自身のまわりの狭い範囲のことしか理解しようと思わない人たちがとても多い。それだと、自分自身が見えなくなってしまうのに。本来、広く物事を考え感じることができない者は、自己があまり成長していない証として捉えられてしまうかもしれない。

でも、言っていることはわかるよ。人はだれでも友達がいて、家族や大切な人がいる。ものごころがつく頃よりも、もっと前からそうしてずっと暮らしている。世の中のどこかに〝悪いこと〟が起きていてもね。

シオは進化しているこの世界に来たけれど、もしこのままずっとここにいることになったとしたら、どう思うかな？　おそらく、日にちが経つにつれて、もとのところに戻りたくなると思うよ」

「……そうかな。いまはぜんぜんそうは思わないけれど」

「ここで暮らしたとしたら、遠からずしてそう強く思うはずだよ。それは、シオが自分の世界を恋しく想う気持ちになるからではないんだよ。心の奥底では、この世界が自分に合っていない世界なんだとシオ自身が感じているからなんだ。自分に必要な環境は、ここではなく、いまの地球なんだと〝ほんとうのこと〟が知らせているからなんだ。いまのシオの世界と自身に起きていることにまず対処するんだよ、とね。

それに、シオたちはその場所と自身に起きている環境の中にいてこそ幸福と充足を得ることができるんだよ。この世界ではできないんだ。

世界と自身に起きていることへの対処が済んで、地球から〝卒業〟の印をもらったら、家族や友だちとここにおいでよ。そのときには、ここに来ても、この世界が自分たちにとって退屈で合っていないなんてだれも思わなくなっているよ」

ミューのこの話は、いずれはもとの居場所に戻らなければならないという少し寂しい気持ちもするけれど、理解することができる。そして、やがては実現できるようになると言っているようにも思う。

ぼくは、彼らの話を忘れないため脳裏に焼きつけようと必死だった。明らかに彼らはぼくたちよりもぼくたちのことを理解していて、同時にぼくたちの社会についても理解している。そして、心と意識のありかたと自立を最上位に置いていて、それが人間社会をつくるうえで重要な基盤になる、ということを一途に伝えようとしている。


もう一度天井を眺めると、今度はときおりあかりが消えていた。そして、そのたびごとに星が見えていた。

星座も、澄み切った夜空に少しずつ位置を変えていた。なぜなのか、よく見ていると、ここにくる前にいつも見ていた星座の見えかたと少し違っているようだった。少し疲れも出てきたのかもしれない。

ここに来てから、時間のことはまったく意識したことはなかった。きっと、ここのみんなもそうなのだろう。こんなに時間というものが頭から離れていたことは、過去に一度もなかった。考えてみると、ぼくたちは毎日時間にどれほど縛られていたのかがよくわかる。
彼らは、忙しい様子は微塵もなく、だからといってのんびりしているのでもなく、しぐさや行為にまったく無駄がなく、常に時の流れにゆったりと同化しているようだった。

そう言えば、先ほどから、ビオが外でなにかの準備をしているようだ。外は暗くて見えにくいが、庭に何か大きなものがあるようだ。その大きなものは、呼吸をしているような微かな音を放っている。「スー、シュー」という、静かな音が聞こえる。なんなのだろう。

◯太陽が西から昇る

「いま一基の中型機の準備が整ったから、みんなで一緒に乗らないか！」とビオが叫んだ。

これには驚いてしまった。あの中型機に乗れるのだろうか。

ほんとうはここで興奮して、すぐ機のなかに乗りこんでいくはずなのだけれど、飛行機が嫌いな自分は、「あっそうか、行こうか」と、こころもち消極的な返事になってしまった。人まかせで空中を飛ぶなんて信じられないからだ。しかも、飛ぶんじゃなくて重力を制御していると言われたって、そんなもの乗ったことはないし……。

「初めてでも大丈夫さ。さあ、早く行こうよ。すぐ近くに待っているから」

ビオは、ぼくの気持ちはわかっているはずなのに、なにか自信があるのか、少々強引ぎみに思えた。

もうここは、ひらき直ってビオに任せるしかないか。

すでに開いていた家の玄関ドアから外に出ると、なんとさっき見た中型機がビオの家の目の前にとまっているではないか。機は、微かな呼吸のような音をともなって小刻みに振動しているようで、地面から少し浮いている。

ビオはすぐに機体に近づいて、いつものように手をかざしてドアを開けた。前に見たようなステップも降りていた。リノ以外の三人もあっという間に乗り込んで、中からぼくに、おいでおいでの手招きをした。

まだ少し不安があったが、みんなの平然とした様子に少し落ちつきを取り戻した。

何か手でつかむものはないかと探そうとすると、アムが、「平気さ。この椅子にでも座っていればいいよ」と言っただけ。

内心、それはないよ、ヘルメットもないのにと思った。

「もうすぐ出発するよ、およそのクルージング時間は三〇分ほどで、最後はここに戻るからね」とビオが言った。

少し不安が和らいでいたせいか、「えっ、たったそれだけ？」と、つい本音が勝手に口をついて出てしまった。

「まあ、見ててごらん。いま外が真っ暗だからわかりにくいけど、水平に片腕の半分ほどの幅でところどころに窓があるから、覗いていてね。それでは、しゅっぱつ！」と、ビオの威勢のいい声で機は離陸（？）したようだ。

しかし、加速もなんにも感じなかった。窓から眺めていると、たしかに上方向に上昇しているようだ。速度はとくに速くはなさそうだったが、姿勢を変えて下の景色を見ると、あっという間にその景色が小さくなっていっている。そして上空で停止したようだ。数秒しか経ってないのに！

「一定の高さに達すると、目的地までほぼ真っすぐに移動するよ。今回は、シオたちの旅客機と変わらない高度一万メートルぐらいなんだけれど、西に向かってジプトに行こうと思う」

ジプトと高度と三〇分を合わせると、なにを言っているのかわからない。

次の瞬間、驚いたことに窓の景色が猛烈な速さで後ろ（？）に流れて変化していくではないか。ぼくたちの乗りもののように徐々に加速するのではなく、瞬間に超高速度になったのだ。しかも、まったく加速Gを感じない。ふつうだったら生き物はみんなつぶれてしまう！

中型機が少し傾いているときは、下界の景色がよく見えた。しかし、傾きを見た（？）のは窓からの景色だけが傾いたからだ。比べると、ぼくたちのジェット機は騒音や振動は大きいものの、窓からの景色は止まっているように見え、とても落ち着いて眺めていられたのに、さすがにこれはそうはいかない。

乗っている自分たちは、ただ座っているだけで、加速やゆれもなにも感じないのだ。これで、機が惑星のようだと表現していたことが体でわかった。それにしても、すごい乗りものだ。自分たちのジェット機の窓から眺めるのと同じくらいの高度なのに、目が追いつかないほどの速度で夜景が移動している。しかも、振動も音もほとんどないのだ。

ただじっと椅子に座っているだけなのに、窓の外を見るとＰＣ画面の映像を突然早送りしたかのように流れていくなんて。もちろん、ＰＣ画面とはまったく違う。巨大な現実の三次元の世界が後ろに遠ざかっているのだから……天を仰ぐと、数えきれないほどの星々が、天という広大な板のようになって後ろに流れていく……そして、はっきりと夜空に見えるぼくたちの銀河の渦（Milky Way）の画がうしろに移動していく……。

ふと、みんなの様子を見ると、落ち着いた表情でこちらの様子を窺っているようだったが、しばらくぼくに言葉はかけまいとしているのかもしれない。

そうこうしているうちに、景色がどんどんと変わっていった。

すると、西方向の水平線がだんだんと明るくなってきた。そしたら、なんと今日沈んだはずの太陽が西から昇ってくるではないか。

太陽が沈む西に向かって移動していったら、太陽が沈む速度よりもずっと速い速度だから追いついてしまっている、なんてことだろう。地球の自転速度より速いなんて！

あっという間に、今度はお昼に戻ってしまった。

「さあ、もう着いたよ」

こんなに興奮しているのに、ビオは平然と話してる。

下を見ていると、鱗状に見えるジプトの広い砂漠が近くに迫って流れていく。

これらの状況を表す形容詞がぜんぜん見つからない。それもそうだ、自分たちの世界ではだれも経験したことがないのだから、ないにきまってる。

いったん機は、景色を眺められるように速度を調整して下降しているようだ。そしてピラミッドのようなものの近くまで行くと、ゆっくり旋回した。

「これからひとまわりして帰るけどね。少し遠いけれど海岸沿いを通って帰るよ」と、ビオが平然とみんなに伝えていた。そして、またもとの高度に戻っていった。

帰りは向きが東になるから、太陽がどうなるか見ものだった。機の傾きは、窓から覗くと上側の景色と下側の景色が見えやすいように調整してくれているそうだ。海と陸地のまざった景色が、来たときと同じように後ろにすごい速度で流れていく。

ときおり太陽をすこし視野の片すみに入れると、なんと昇っていた太陽が今度は後ろの西の方向に足早に沈んでいく。あっという間の夕日（？）かと思ったら、すぐ夜に戻ってしまった……。

大気と重力の法則を制覇した乗りものの印象は、例えようのないものだ。家族や友人と一緒にこの体験ができたら、なんと素晴らしいことだろう。

きっと、こんな乗りものに慣れて生活したら、ぼくたちにとって距離と時間の概念がぜんぜん変わってしまうに違いない。だって、この機に乗ってみんなでお昼休みにごはんを遠くの国まで行って食べて帰って来れるんだから。

やがて、機はビオの家に向かって下降していった。中型機はすごい仕事を成し終えて、もとのビオの庭に静かに降りた。自分は興奮で機から降りるのに時間が掛かっていたが、三人は何事もなかったようにスタスタと部屋に戻っていった。

これがたった三十分ほどの出来事だった。でも、自分のからだの細胞はまだ隅々まで大騒ぎをしている。スリルを感じるという余裕すらまったくなかった。

彼らは、自分がわずか三十分で得たこの巨大な情報量を、毎日それ以上消化している。そのことに、大きな驚きと感嘆を感じないわけにはいられなかった。

部屋に入ると、みんなはぼくからのたった三十分間の体験談（？）を待っているようだったが、まだ心臓がドキドキしている。リノからの飲みものがテーブルに置かれていたので、しばらくそれをいただいて落ちつきを取り戻そうとしていた。

「みんな、ありがとう。とにかく興奮してしまったよ。いまどう伝えたらいいのか、まだ言葉が見つからないんだ。どうやって操縦しているのかとか、時間の考えかた……とか」聞きたいことがありすぎて、出た言葉はこれだけだった。

「気にしなくていいよ。ゆっくり落ちついてからでね。高度をもっと上げたほうが速度感が少なくてよかったかもしれなかったね」とミューが同情していた。

やっと落ちつくと、ミューが話し出した。

「それでは、どうやって中型機を操縦するのかをかんたんに説明するね。まず、この機には、昔の乗りもののように手で各部の画面映像やレバー、スイッチボタンなどの操作をしたり、足でペダルを踏んだりの操作はほとんどないんだよ。というか、中型機の場合は、その方法では操作が間にあわなくて操縦にならないんだ。

この機は、いま体験したとおり、シオの世界の乗りものの速度と比較すると、まったく異次元的な速度になってしまう。いまのクルージングでシオは気づかなかったと思うけれど、実際には数えきれないほどのたくさんの同型機が前方からやってきて擦れちがっていたんだよ。速度が速すぎて視覚では捉えられないんだ。やや低速のコースだと、同じ方向に移動しているときには遠くにたくさん見えたりすることがあるけれどね。

コースは高度と速度、方位、前後左右の間隔など、たくさんの層の割振りで決まり、膨大な数の機がそれぞれの希望の位置に瞬時に設定されるんだ。当然、自動操縦専用の区間もあるけれど、通常は機内でたくさんの操作が必要で、それらすべてを統制するうえでいちばん肝心なものが必要になるんだよ。どんなものか想像つくかな?」

「うーん。わかりそうでわからないな」

するとミューは、「最初にシオとビオとで話したときに、アメリカの先住民の話をしていたでしょ? そのあと、会話が途中になったことを思い出してごらん。そのときの内容と関係があるんだけどね」と、できればぼくに当ててほしそうだった。

でも、どうしてそのときの状況がわかったんだろう。それとも、会ってから、ぼくが放っていたイメージ(想念)をときおり受けとっていたからだろうか。ミューも察する力が強いようだ。

「……定石どおりだと、前に話した、すぐれた人工知能の類なのかな」と言ったが、

「でも、そのときの話の内容は、たしかテレパシーのことだったね」と思い出すと、ミューは、

「そうなんだよ。中型機の操作だけでなく、網羅されているたくさんの設定やシステムを統制するのはテレパシーなんだよ。ビオはきっと、シオが中型機を体験したあとのほうがよりわかりやすいと、そのとき感じたんだね。

テレパシーは、多くの複雑な処理をうまく統制して導いていくための大事なツールでもあるんだ。移動コースの膨大な設定や、機に網羅されているたくさんの情報を操縦者が受け取って、瞬時にそれぞれを想念によってコントロールするしくみになっているんだ。とくに決まったコースではなくて、思った方向へ自由に移動していく場合にはそれが大きく影響するんだよ。

操縦はどのようにするかというと、自由に移動する場合は、ただ行きたい方向に意識を向けて、無心に、湖の水面すれすれにとか、あの施設のてっぺんにとか、速度を上げてあの雲の上にとか、しっかりイメージするんだ。そのイメージに重ねて、想念として多くの情報を送り込むんだ。そうすると、まるで機が生き物のようになってそのイメージに反応するんだ。

操縦は単純なことのように聞こえるけれど、その連携構造は膨大な仕事量になっているんだよ。テレパシーは、もろもろの操縦作業をつなげて統制する大事なものになるんだ」

「うーん。こんなところにもテレパシーが活躍するんだ。でも、ぼくたちの世界では、テレパシーにしても中型機のような乗りものにしても、残念だけど両方とも達成するにはきっと膨大な年数がかかるに決まっているよ」と、ぼくは正直な思いを話した。

「そう思うかな。たしかに、中型機のテクノロジーとその操作のテレパシーは重なっていて、難しくみえるね。きっと、シオだけでなく、ほとんどの人たちが膨大な年数がかかると思うだろうね。でもね、宇宙に足をかけているシオたちの世界なら、思いがけない早さで実現するはずだよ。みんなと力を合わせられるようになってね」

「そうか、そうだといいけれど……。操縦はむずかしそうに思えるけど、慣れると楽しそうだね。ミューたちはみんな操縦できるの？」と聞くと、ミューは、

「みんなではないよ。ちょうど、シオの世界の運転免許のように、一定の基準を満たさないと操縦することはできないんだ。でも、資格の保有数の割合は同じくらいのように思うけれどね。ただ、中型機には大きさの種類がいくつかあるんだ、シオの世界のバスや乗用車のようにね。大きい機は公共用になっていて、そのための操縦基準はあるよ。

　でも、私たちの乗りものは、慣れるととても安全だとわかるよ。だって、操縦ミス

しても落ちないし、衝突しないからね。だから、ここの人たちはシオの世界の乗りものには不安で乗れないんじゃないかな」

「ふーん。では一番大きなものは、どのくらいのものがあるんだい？」と聞くと、少し考えながら、

「シオはまだ見ていないけれど、重力圏の外れのところや砂漠地帯には大型機が保管されているよ。それは、シオたちの競技場などの数十倍以上もある乗りものなんだ。小さな町のようなものと言ってもいいかな。中型機もそうだけど、重力を制御しているから落ちるということがないんだよ。だから、とくにシオにとってはとても安心だね」と笑って言った。

「そしてその機はね、おもに星間移動のためのもので、惑星間を構成している力と、恒星間を構成している力、それに銀河系内ではたらいている力を取り入れて移動する。宇宙の流れに乗るというほうがわかりやすいかな。到達速度は中型機の比ではないよ」

「……中型機の比ではない？……それはすごい！」

これには、ただ驚くだけだ。中型機がどれだけすごいのかは、いま体験したばかり

なのに。

「大型機は理想的な機なんだけれど、それでもまだ遠くの恒星系までは往復できないよ。この世界の前からの大きな課題なんだ。そう遠く年月がかからず達成できると思うけれどね」

それを聞いて、彼らの驚異的なテクノロジーをもってしてもまだ成し得ていないこともあるのだと、少し寂しいような、ちょっと残念な気持になった。でも、よく考えてみれば、どんなに発展しても、そういうところもあって当然のことだ。それにしても、町のような巨大な乗りもので、機内でたくさんの人たちと生活しながらほかの恒星系まで旅をするなんて、自分たちの世界観では想像できない。

この世界の人たちなら、きっと遠からずして成し遂げるだろう。

みんなで力を合わせるという倍力装置なる術を使って。

○距離はもの言う

今度はアムが口を開いた。

「じつはね、技術が進歩して、このような速さの乗りものが誕生すると、距離という考えかたをずいぶんと変えてしまうんだよ。

たとえば、何かの仕事であるところに行かなくてはならないとしよう。それに費やす時間がシオたちでは往復一日かかるとすると、僕たちはおそらく数分で往復してしまう。到達してからの作業にかかる時間が同じだとしても、効率の良さは計りしれないでしょ？

距離に対する時間の大きな短縮は、僕たちの世界にたくさんの恩恵をもたらしたんだ。そのひとつが、土地と人々との密度のあり方についてなんだよ。

僕たちのこの世界には、シオたちのような都会というところはないんだ。ほかの進歩した技術システムなどと合わせると一極集中する必要はなくなるからね。多少の集合的な住宅や施設などのようなものはあるけれど、シオたちのところにあるような高層ビル群はほとんどないんだよ。

だから、過疎化するような地域もほとんどないんだ。不便なことが少なくなるからね。好みに応じて、どこで暮らしていても、みんなとてもゆったり暮らしているよ。たいせつな時間をむだにしてしまう交通渋滞のようなことも、ここでは起こらないしね。シオの世界と比べると時間対効果（time-effectiveness）はずば抜けていいんだよ」

自分たちの世界でも、かつて高速鉄道やジェット機などができて便利になったとはいえ、都市の形態が大きく変化するなんてあり得なかった。それもそうだ、ぼくたちのところと交通の変化によるベクトルがまったく合っていないのだから。

「距離についての考えかたで、もっと大切なこともあるんだよ」と、さらに続きをアムが話しはじめた。

「シオの住んでいるところでは、数百年ほど前に、国の中でいくつかの地域に分かれ、鉄砲や刀などを使って戦いをしていたでしょう。でもいまは、ほかの国と国との戦争はあるけれど、国の中だけで戦争をしているところはとても少ないと思う。大きな国でも小さな国でも、時代を遡って比べてみると似たようなことがいくつか起きていたと思うよ」

考えたことはなかったけれど、そういえば……そうかもしれない。

「大雑把にいうと、武器というものの変化の影響もあるけれど、これはその国の人々の距離についての考えかたが大きく変化したからなんだ。

ここに、戦いを少なくするためのひとつの〝手がかり〟があるんだ。時が経って武器が巨大なものになったとしても、戦いをなくす手がかり自体は似ているからね。

それは、戦いをしていた国の人々が交通の発達によって距離の概念が変わり、そこに交流も重なって自分たちの行っているさまをだんだんと俯瞰することができるようになったからなんだ。

自分たちの外側にもたくさんの国という世界があるのに、国の中という考えかただけで揉めていてはこの先やっていけないのだ、と感じとってね。

でも、当然だけれど、それだけでは戦いの根本的な解決にはならない。ほかのもっと大きな要因があるからね。

でも、いまは戦いに絞って、もうすこし考えてみようか。

いまシオたちの世界に起きている国と国との戦いに関して同じように考えると、今度は大きく概念が異なるようになる。というのは、シオたちの世界の外側、つまり広い宇宙が次からの対象になるからね。天動説が地動説という理解になったどころの変化ではないんだよ。そこは、シオたちの世界ではまだ体験したことがない世界なんだ。そして、いずれは、地球全体がひとつにまとまらなければならないときが必ずやってくる」

このことについてぼく自身は大きな関心を寄せていたので、

「そのことについては、ぼくはとても関心があるんだ。詳しく話の続きを聞かせてくれないか？」

と、説明を急かせた。

「わかるよ。でもね、このことについては言語を使って話すと伝えにくいこともあって、とても一度では話しきれないんだ。伝えられそうだと思う部分だけを取り上げてみるけれどね」

アムは、いくぶん神妙さもある希望の面持ちでゆっくりと話しはじめた。

「シオたちの昔の宇宙飛行士が月に行って、そこから初めて地球を眺めたときの言葉を思い出してごらん。その言葉はね、シオたちの世界の未来を考えるうえでとても大切な手掛かりになると思う」

たしか、宇宙船の窓から覗いたときに地球を見たときの言葉だったと思うが、それがどうしたというのだろう。

「そうだね、その言葉を聞いてシオたちの世界の多くの人が共感したと思うよ。宇宙飛行士たちも、帰還後の自身の人生に対する考えかたが変わったりしてね。

そのことを思い出して、やがて地球のみんなが、今度は宇宙の一部として暮らすようになったと想像してごらん。その宇宙飛行士が地球を見たときに、神がかり的なことだと感じて表現していたことが、今度は人々にとって日常のありふれた、なんでもないことになるんだよ。これは大きなことなんだ。そしてそのときから、人々が地球を俯瞰して眺められるようになっていくんだ」

「う〜ん。そして、国がなくなっていってひとつの地球という世界になるんだね」と想像して言った。

するとアムは、

「うん、そうかもしれないね。同じように考えるとそうかもしれない。でも、ほんとうは宇宙に踏み出す前に少ずつでも改善できるといい。これから話すことを、僕はとても大切なことだと考えているんだけど、たしかに多くの人々は、宇宙飛行士が地球を眺めたときの言葉を聞いて共感したと思う。

でも、もしその宇宙計画がなかったとしたらどうだろう。その言葉はなかったはずだね。人々の共感もなくなったはずだ。けれども実際には、そこにはいつも同じその光景がある。

宇宙飛行士が体験した言葉はとても大事なものだけれども、仮にその体験がなかったとしても、人はそれを想像することができる。それと同じ光景を体験することはできなくても、その体験に共通した想いは受け取ることができるんだ。そこに行って体験しなければ絶対に得ることができない、ということではないんだよ。

シオたちが宇宙時代を迎えようとしているいま、事前に自分たちのあるべき姿をビジョンとしてしっかりと持っておくことができたら、その体験に近い印象や情報を、いま暮らしている世界のあらゆるところからも引き出すことができるんだよ。

必要なことは、みんながいま地球に起きている現状にもっと関心を寄せることだよ。人々が関心を寄せると、その現状の根本原因が必ず姿を現してくる。そうしたら、みんなで頑なに無理だと思っているその根本原因を、知恵を絞ってなくすことに一途になれるかもしれない。

世界の現状に関心や責任を持つということは、重荷なんかではないんだよ。

大昔の人々は、大きなことが起きていても、まわりの世界がよく見えていなかった。でも、シオたちのいまはそこから脱して世界が共存して生きていかなければならない必要性を、理屈だけではなく心と意識の側からも理解するようになってきた。たくさんの人々が意思疎通できるだけでも、やがては以心伝心を伴った大きな力になることを感じはじめている。これは、シオたちの科学の世界でもいずれは確認できる事実さ。

シオの世界でも人々の想いの波動が共振すると巨大な力になることは、たくさんの人が感じ取っていて、遠からずしてやって来る〝きっかけ〟を待ち望んでいる。そのことに俯瞰することが重なったなら満点なんだ」

◯いしずえ

アムの伝えてくれたことは理解できそうだった。

「人々の想いという波動が共振して巨大な力になるということは、みんなに巨大な希望が待ち受けているともとれるように感じたよ」というと、

「そのとおりだよ、シオ。後ろ向きのものではなく、前向きのものによって宇宙は動いているからね。だから、いつどこにいても希望だらけなんだ。だれにとってもね」

と、アムが話し終えた。

たしかに、自分たちの世界では、日ごろ生活しているだけでもなんとなくかもしれないけれど、この世は前向きのものによって動いていると多くの人々は感じていると思う。でも、もう少し明確に感じることができたら、もっともっと楽しいことなのか

もしれない。なんとなくでは足りないんだ。

ビオやアムやミューは、ぼくに話す順番があったわけではないけれど、お互いに以心伝心して会話が自然にとてもきれいに流れている。ぼくたちの世界にありがちな、我れ先にとか些細な話の主導権の取り合いのようなことや、言葉が被ってしまうことすらまったくない。表向きだけを見ると、目と表情だけで会話ができているのだ。しかも、その会話にまったく齟齬が生じていないのが見ているだけでも伝わってくる。

彼らの放っている穏やかさや純真さ、思いやりの中にいると、ただそれだけでぼくの体が平穏を伴って弛緩していくのがわかる。自分だけではなく、だれがここにいたとしても、相手の想いを受けとることを何よりも重んじている彼らの会話の姿をだれでも感じ取ることだろう。

ぼくと話しているとき以外の彼らの様子も、互いにみごとに以心伝心がはたらいているのがよくわかる。その光景は、まったく無言なのではなく、話の内容に応じてときおり声も発している。そして、澄んだ目の表情としぐさと相まって、このうえない穏やかさと信頼をこの場に築き上げている。彼らの話は貴重なものだけれど、たとえ彼らの話がなかったとしても、それ以上に彼ら自身そのものが、ぼくにとってこのうえない貴重な体験だということは間違いない。

そして、ぼくはあることに気づいていた。それは、ビオと最初にぼくたちの社会について話したときのことだ。ビオは人の段階をふだん意識することはないのに、ぼくにわかるように言語で四つに分けて示してくれていた。最初はそのことの理解についていけなかったけれど、彼らはその説明のなかの明らかに四つめの〝自分以上にすべての人を大切だと思っている人〟という人たちそのものだった。

ともすると、ぼくたちの世界では、純粋や思いやり、穏やかさは、強さではなく弱さだと勘違いしている者も多くいるかもしれない。でも、彼らに会ったら「それは間違いだった」とだれもが感知することだろう。言い換えると、彼らは他人を助けるために自分を犠牲にできる途轍もない強さと勇気を秘めているのだ。

また、思考力はぼくたちを圧倒するほどすぐれているはずなのに、彼らの視線は頭脳明晰な鋭いものではなく、純粋さや同情や穏やかさに満ちあふれた、まさに自分自身の上に他人を置いている表情だった。

今度はビオが話した。

「身近なことでも、前向きのものによって宇宙は動いている、ということを確認することはできるよ。例えば、自分の大切な人に意図的に意地悪をしたところを想像してごらん。その後ろ向きのことを想像したとたんにシオの気持ちが落ち込んで、体も同じように反応するでしょ。

気持ちを整えて、今度は反対にシオがだれかに思いやりをかけて助けてあげたところを想像してごらん。その前向きの行いによって、心に平穏な幸福感が漂いはじめて、身体も弛緩してより正しく機能しはじめる。そこでは化学的な変化も起こっているんだよ。想像しただけなのに、わずかにそうなるでしょ。これはとても些細なことだけれど、こんな小さなことにも宇宙が前向きのものによって動いているという一面が現れているんだよ。

法則自体は良し悪しにかかわらずはたらいているけれど、永遠に残ってはたらき続けるのは前向きの意識なんだ。〝悪いこと〟という結果は、前向きの意識をつくり上げるための、偶然のように装った意味のある現れでもあるんだ」

そして、自分の言ったことが伝わるかどうか心配しているように付け加えた。

「この宇宙はね、前向きのものによって動いているけれど、その中心となるものは、ある〝いしずえ〟という秩序によって築かれているんだ。

それは、人々のだれでもが感じていて、自身のどこかで固く機能しているもの。この〝いしずえ〟というものに自身を委ねることができたら、すべてがうまくはたらきだすんだ。不安や悲しみも消え、どんな過酷な環境にも耐えて自身と世界を大きく変えることができるんだ。『前向きのもの』や『ほんとうのこと』の中核とでも言うのかな。


ここでは、それを〝φ〟（ファイ）と名づけて話すことにしたい。その言葉を、シオたちがよく用いている言語（名称）に置き換えて話したいけれど、僕には言語表現だけだとなかなかその本質が正しく伝えられないんだ。もしかしたら、シオの世界の人々はφのことを正しく理解していないかもしれないから。だから、概念に齟齬が生じて以心伝心が伴わなくなると思うんだ。

きっと、それも言語表現の限界なのかもしれない。

ほんとうはね。φは以心伝心を伴って正しく伝わらなければならないものなんだよ。それは、感覚器官を通しては伝わりにくいんだ。直接相手の意識にはたらきかけたり受け取ったりするものだからね」

たしかに、φについては、自分たちの世界では正しく理解されていないようにぼくも感じていた。なにか申しわけないような使われ方があって、ビオもそのことを少し残念に感じているように思えた。

「シオたちの世界では少なからずあることかもしれないけれど、人の容姿やしぐさを比べていて、そこに無意識に優劣をつけている人たちが多くいる。視覚情報を重んじて、そこからやってくる印象を中心に判断するという習慣があるからね。それによって、視覚情報に偏った好みも生まれたりする。『あの人の印象は良くないぞ、だれだれは奇麗だ、カッコいいぞ、いやそうでもないぞ』などと言ってね。

でも、あるきっかけがあって自分が消極的に感じていた相手とわずかな以心伝心を伴なって意思疎通を起こしたとすると、その瞬間から同じ相手が今度はとても良い人として自身の先入観を越えて見えることがある。多くはないけれど、このようなことはあるでしょ。

　とくに親友や恋人同士になる場合には、この傾向が起こりやすいんだ。

　きっとそれは、最初の自分の想いが間違っていた、という行程がそこに必要だったからだと思う。偶然を装って現れたその行程が、絆の強い親友や恋人同士になるために必要だったからなんだ。最初に抱いた自分の想いが間違っていたという反省の行程が、謙虚さを伴なった絆の強い同士という類似を呼んだんだ。そして、そのときφによって双方がつながるように導かれるんだよ。もちろん、行程そのものはたくさんのかたちや大きさがあるけれどね。

　それは、なにものにも縛られないから、すべての人に、目に映らない宇宙空間にも流れていて、時空という制約を越えて作用するものなんだ。そして、人々がそれを片時も放さず持ち続けることができたら、宇宙の創造的な力が、φを通して常に人の意識にはたらきかけて不可能を可能にするんだよ」

　このビオの説明は、何ごとも偶然に起きているように見えるけれど、創造的な出来事はφというはたらきが共時性を起こして、人と人とのつながりや必要な環境を結びつけている、ということなのだろうか。そして、そうやって結びついていく人々が多くなると、自身とそのまわりの環境にも、それにふさわしい大きな変化が現れてくるのだろうか。

少し自信がなかったので、もう一度聞き返してみた。

「なんとなくわからないでもないけれど……でもビオ、ぼくたちの世界では、自分もみんなもそんなに多く前向きな心や意識がないんじゃないかな。だからφの量だってとても少ないと思うよ」

「そうかな？……でも、シオたちの世界には、昔からたくさんの前向きな言葉があるじゃないか。寛大、信頼、勇気、思いやり、叡智などなどとね。それらは宇宙のすべてに深く刻まれているものなんだ。それを感じ取ることができたからこそ、それらの言葉を表現することができたんだよ。

大昔の人々は、それを理解する力がまだ十分ではなかったからうまく感じ取ることができなかった。でも、シオたちの世界の人々は、長い歴史の中でいまがいちばん理解する力があるはずなんだ。過去を歴史として俯瞰してきたことも重なってね。いまシオたちの人々のまわりを取り囲んでいる自分と、社会でつくり上げた先入観や固定観念を取り払ってごらん。そうしたら、自分たちの意識が以前と比べて大きく成長していたことにきっと驚くと思うよ。自身の無知と社会によって支配されていた自分が解放されてね」

ぼくは、体験したことのない豊富な話をみんなから享受できたと思う。それは、まさしく未来の自分たちの暮らしや生きかたに大きく貢献することだろう。

でも、別なことだけど、いままでみんなが話してくれたことについて、自分自身の中に、何か呑みこめないようなものが残っていた。それは、自分自身の受けかたが問題なのかもしれないが。

戸惑っていたけれど、もうこの際だ、なんでも聞こう。

「今日、みんなが話してくれたことは、すごく共鳴できたよ……だからかもしれないけれど、少しわからないところがあるんだ……。

じつはね。ぼくは小さいころ嘘をつくことが多くあって、通っていた小学校のある先生に嘘をついたことがあったんだ。グループで必要な大事な宿題を忘れてとっさに自分を守ったんだね。

そしたら、なんとその先生はぼくのその嘘を信じて真剣にぼくをかばってくれたんだ……。

『先生はシオのこと信じてるよ。大丈夫だよ』と言ったんだ。

ぼくはそれから何年も経ってからも、そのことを思い出すたびに、その先生と何かに対して『すまないことをした』と、つらい反省の気持ちになったんだ。何度も何度もね。

このことは小さなことかもしれないけれど、きっとこれはみんなが話してくれたような大きなことにも当てはまるんじゃないかと思うんだ。大きな〝悪いこと〟をしたことには、それに見合った大きな〝反省〟のようなつらいことがそのあと必要な気がするんだけれど……たとえ本人や多くの人がそれを忘れていても、いつか思い出して反省し、修正を促すようなことが起きるような気がするけれど……」

するとアムが答えた。

「そうだね、そのことは、とても大切なことだよ。いままでの話で取り上げた人たちに限らず、多くの人々は、『いまの自分は自身でつくり上げている』ということをきっとまだ理解していないからかもしれない。でも、子どもながらにシオはそのことに気づいていたんだね。きっと、その負のエネルギーを『すまないことをした』と思い続けて摘みとっていたんだね。

先に話した〝後ろ向きのもの〟が〝前向きのもの〟を超えてしまっている人たちは大人になったけれど、そのことについてはまだその域にいない人たちなのかもしれない」

「もし、その負のエネルギーのようなものがずっと改善されなくて『人は一生でもう終わりさ、だからいまさら何しても意味はないんだ』とか、反対に『何回も生があるからいまやり残しても平気さ』などと切り捨てていたら、なにかが矛盾すると思うんだけど」

「そうだね、それは偶然ではなく必然だとするその因を理解していないからだね。人は生を重ねて永遠に進化し続けていく壮大なものなのに、一生か否かという結果から考えて多くの人がそこで立ち止まって混乱している。そこからは回答を得ることはできないのに。

そうではなくて、宇宙は〝前向きのもの〟によって動いているという、心が躍る大きな前提がすでにある。だから、僕たちはその中でそれに添って生きるほうがたしかな幸福や繁栄や自由を手にすることができて良いに決まってる。

自身と社会によってつくられた固定観念と因習を取り払って、全宇宙に刻まれている〝前向きのもの〟に、もっと意識を寄せるといい。〝後ろ向きのもの〟はだれにでもあるけれど、まずは自身のためにも〝前向きのもの〟が少しでも一歩前に出ていればそれでいい。

このまま一生のあいだ何もせずにそのまま〝後ろ向きのもの〟という負のエネルギーを持ち続けていたら、それを気づかせて正そうとする環境を次の生にも誘発してしまう。

でもね、もし『人は一生で終わりさ』とか『何回も生があるから平気さ』などと無頓着にほとんどの人が考えていたら、シオの世界は進化できず、もっともっと混沌としていたかもしれないよ。

いまのままでおさまっているのは、わずかながらも無意識にそれは必然だとする理解が人々のどこかにあるからなんだ。一生を通して一途にものごとに打ち込んでいたり、人に情をもって接していたりする人々、あるいはそのような人々に共鳴する人たちは、自分自身で気づかなくてもより多くその理解をどこかで感じ取っている。

ただ、人々にもう少ししっかりとした理解がほしい。ほんとうは、その必然を、自分を取りまく環境や自分自身の中から気づけたらいい。それは、雲の上の天から得ようとするものではなく、神に近いと言われている人から得ようとするものでもないんだよ。

何も証がなくても、まずは自身の労によって理解することができたらいちばんいい。それこそが真の理解だからね」

◎シンクロニシティ

ここに来てから、いままでずっと時間の感覚がなくなっていた。刺激的なことが起きているから言うまでもないのかもしれない。こんなに長く話し続けているのに、不思議なことに疲れはほとんど感じない。

この世界は、時間の流れと大気の性質が自分たちの地のものと異なっているように感じる。まるで、彼らの想いの集まりがこの地の大気をつくり上げているかのようだ。

少し間をとって、みんなの貴重な話を少し整理してみることにした。ぼくの理解は充分なのだろうか。しばらく落ちついて、いくつもいくつも考えてみた。

……そうして、ふと考えると、ひとつだけよくわからないことがよぎってきた。

それは、今回の出来事で最も肝心なことでもあるのだけれど、ぼくは地球世界からこの未来の地球世界にテレポートしてやってきた。だから、もう自分たちの未来の結果がすでにここにあるわけだ。

けれども、ここにいるみんなはそれを知っているはずなのに、どうして彼らはこんなに一途にぼく自身を励まし、ぼくたちの世界を正しい方向に導こうとするのだろう。ほうっておいて何もしないでも、ただ世間話をしていても、自分たちの地球世界の未来は同じ結果を生むはずなのに……どうしてだろう。

もしかしたら、みんなが親身になって伝えてくれた、限りなく大きな心尽くしが無駄に終わってしまうのだろうか。

そのとき、もうみんなと二度と会うことはないという、知りたくない不安が身体じゅうに満ちあふれてきた。

するとビオが、ぼくの肩に手をかけて話しはじめた。

「わかっているよ、シオ。とても大事なことに気がついたね。ひとつ聞かなければならないことがあるんだ」

「えっ、なんだろう」とすこし緊張ぎみに言った。

「シオは本当に未来にテレポテーションしてここに来たと思っているのかい？　よーく考えてごらん。ほんとうにシオは、そのとき、そうしようとしていたのかい？」

ビオのこの問いには、正直、とても困惑してしまった。いままでの限りなく大きな期待と、新たな不安や矛盾とが、まったく結びつかない。

でも、言われたとおり、もう一度その場に戻って、ここに来たときに何が起きたのか思い返してみた。ここに着いて刺激的なことだらけだったので、テレポートしはじめたときのことまでは考えていなかった。けれど、しばらくするとだんだん思い出してきた。

「……うーん。もしかしたら、未来へのテレポートは自分の中のどこかであり得ないことだと思っていたのかもしれない」

「そうだね、そうしたら、もう少しそのときのことを思い出してみようか。シオはそのとき、ほんとうはどう思っていたんだろう」

ビオは、微笑を絶やすことなくそう尋ねた。ビオの表情に安堵したせいで、少しずつ想いが戻ってきた。

「そのときはたしか混乱していて、自分のことをぼーっと考えていたのだと思う。自分自身についてのことだけを何度も考えて、そのことで頭がいっぱいだったんだ。それから、こう強く思ったんだ。

自分自身のためだけでもいい、どうするのがいちばんいいのだろう。そのとき、この世のすべてのなかでいちばん自分が真の幸福と満足を得ること、根幹をなすものはいったい何なのだろうと考え続けていたんだ。才能か、伴侶か、成功か、お金か、友人か、健康で強靭な体か……などなど、と。

そうしたら、だれかの声がして、

『お前ひとりで生きてるんじゃないんだよ』と言ったんだ。

その声はたぶん、何年も前に亡くなった母の声のようだった。

けれども最初は、その声の内容をとくに気に留めなかった。ありふれたその言葉は、自分にとって意味のあるものだと感じなかったんだ。

でも、どうしたことだろう。その言葉の内容が、ぼくの頭の〝外側〟でだんだんと変化しはじめたんだ。そして、その言葉は自分にとっていままでに感じたことのないような強い印象に変わったんだ。間違いなく、自分が人生で最も正さなくてはならないことを伝えている言葉だとわかったんだよ」

ぼくは、蘇ってきた記憶のままにビオにそう話した。

「そうか、わかったよ。よく思い出したね。きっと、いまはいないシオのお母さんの声を通してφがはたらいたんだと感じたんだね。それがわかったとたん、気がつくとここに来ていた……」

そう言ったあと、ビオは少し微笑んで、しばらく何も言わなかった。

ぼくは、「そうだよ、ビオ」とだけ返した。

ぼくは、もう少し冷静に考えたかった。それでも、徐々に気持ちを取り戻していった。もしかしたら、自分はここにテレポートしたのではないのかもしれない。ぼくたちの未来にテレポートしたんじゃなかったんだ……できなかったんだ。

考えてみると、ぼくは未来にも過去にも行ってみたいと一度も思ったことはなかった。そんなことにまったく魅力を感じなかったんだ。それは、自身にとっても人々にとっても必要のない、まったく意味をなさないものだと感じていたからだ。

ぼくは、予言というものを信じていない。でも、人が進化すれば予知的な印象を直感として享受できうることは理解している。けれど、それは人生から得たものと、自身が一途に〝関心〟を向けた自然や対象（人を含む）の波動とつながった結果だと信じている。これからの未来には、たくさんの想いを寄せる必要はあるけれど、人間にとってそこに行く意味は何もないんだ。だから、だれも未来に行くことができないんだ。いまという現在しかないんだ。

だとしたら、自分たちの世界と自身を純粋に思いやってくれたみんなのことも、印象的で大事な出来事ばかりだったことも、自分自身も、この先どうなるのだろう。いま立っているこの場所も、みんなも、幻想のようなものだったらどうしよう。

心のなかの混乱は土用波のようにやってきた。

でも、とにかく、気持ちを鎮めていった……。

しばらくして、ビオがぼくを見て何かを察したのか、

「シオ、もしかしたら、それでよかったのかもしれないよ」と小声で言った。

「それでよかった？……えっ、なぜだい？」と聞き返すと、

「だって、仮にテレポートして未来に行こうとしても、それはほんとうの想念にはなり得ない。だから、シオが強く感じていた『未来に想いを寄せる必要はあるけれど、

だれも未来に行く意味はないからそこに行くことはできない』という想いは間違ってはいないんじゃないのかな？」と言った。

「そうだとすると、いったいいま何が起きているんだい？」

自分はだんだんと落ちつきを取り戻してきたけれど、もう一度、ゆっくりと、そのときの強い印象の想いを辿ってみた。さらに何度も辿ってみた。すると、別な何かが起きたように思った。母の言葉が強い印象に変わったときにそれは起きたんだ……。

ぼくは、いままで〝自分ひとりで生きている〟と考えて暮らしていた。そして、事あるごとに人とぶつかっていた。ぼくにとって、自身のその考えは〝持っていたくないもの〟そのものだった。でも、世界中のたくさんの人たちも、その考えで満ちあふれ苦慮していると知っていた。そしていま、『お前ひとりで生きてるんじゃないんだよ』と母がぼくに告げた言葉の真意を理解した。

いままで、この言葉はなんでもなかったのに、いまになってほんとうの意味を持ったんだ。

そうだ、そのときすべてがφによって導かれてつながったからなんだ。

未来ではないのだとすると、ここはどこなのだろう。

「ビオ、ここはどこなの？」と、思わずぼくは聞いた。

「きっと、シオのそのときの想いは強くはたらいたんだね。未来へのテレポートは信じていなかったから、別のほんとうに信じていることと入れ替わる必要があったのかもしれない。信じられない、ということは、実現しにくいからね。そして、別の強く信じていることが何なのかは、シオ自身がいちばんよく知っている」

ビオが言った言葉は、だんだんと自分の中で現実味を帯びてきた。すると答えはただひとつだった。

「ビオ、わかったよ！　みんなはぼくがずっと信じていた宇宙の同胞だったんだ。ここは現在のみんなの惑星だったんだ！　やっぱり未来の地球じゃなかったんだ！」

「シオの想いと、ぼくたちの想いと、お母さんの声を通してはたらいたφによってすべてがつながったんだ。そして〝人はひとりで生きてるんじゃなくて、みんなで力を合わせて生きるもの〟という原理的な法則と、いまシオたちに必要な〝果たすべきこと〟を、ここでしっかりと確かめることになったんだ」

すべてを感じとっていたビオは、そう言った。

「そうか、そうだったんだ。すべてがわかったよ……」

それを聞いて、自分の気持ちは限りない充足感で満たされた。ぼくは、同胞とともに〝現在〟にいたんだ。

ビオは続けた。

「シオが長いあいだ信じていて、それを確信したくて一途に想いを送りつづけていたことは知っていたよ。それを感じ取っていた僕たちも、ずっとシオに想いを返していたんだ。未来からでも過去からでもなく〝現在〟からね。だからここで会うことになったんだ」

気がつくと、夜は藍色から濃藍へと深まっていた。自分は、リノが用意しておいてくれた寝床の上に横になった。

あお向けになって光源のないドーム型の天井を眺めると、その躯体のあかりが消えていた。やがて、ゆっくりと、その暗い天井に光がいっぱいに広がって見えてきた。

それは、信じ続けていた想いや、たくさんの同胞とつながっている銀河の渦だった。

ぼくは、ずっとずっと前から、宇宙にはたくさんの同胞たちの世界があると信じていた。確信する証拠なんかは必要なかった。それを人に話すと、冷ややかな視線があることも理解していた。

彼らに対する奇妙な解釈は、地球ならではの思考だと思ってる。

ぼくは、「きみは教養がないからそんなふうに思うんだよ」と言われるのもわかっている。でもぼくは、「教養がないからこそわかることもあるんだ」ということも知っている。

この世に一次元も二次元も存在しないように、どこかに多次元があるということも信じていない。多次元という表現（方便）は、いまのことをまだ理解していないからだ。

どこかで、「人は生まれ変わるのか？」とだれかが言っていた。でも、それを信じるか否かはどうでもいい。大切なのは、それが必然だと言いきれる理解があるか否かかなんだ。

「人間は小さな存在だ」なんて、とんでもない。そう思ってしまうのは、すべての人々の中にある静かな〝美、信、愛〟を見つけることができないからだ。

「人間とはこういうもの」なんかではなく、「人間は永遠に進化していくすぐれもの」だったんだ。

地球を俯瞰することができたとき、すべてがわかる。

三章

自分の中にすべてがある

◎精神感応と共時性、直感、想いの力、予知など

相手の想いを互いに感じとることができるということは、良い人生を送るために大事なことだと考える人は多いと思います。言葉としては、意思疎通や阿吽《あうん》の呼吸などとして認識の共有を表していますが、この世界に完全な世界共通の会話の手段がないことは、ふと残念に思うことがあります。

というのは、日常の些細な会話の中にさえも、同じ言葉（言語）の中に、その意味合いのズレやニュアンスの相違が頻繁にあるからです。それで収まっている場合もありますし、ときには大きな矛盾に発展してしまう場合もあります。

また、英語が国際語だとはいえ、話せる人の割合は主だった国を中心に、世界人口のおよそ十分の一程度の人数に留まるとも言われています。言葉の意味合いのズレやニュアンスの相違も、当然多く含まれていてのことです。

ただし、言語にこだわらなければ、共通の意思疎通（communication）の手段がい

くつかあげられます。

一例をあげると、笑い、表情、美術、音楽、香り、味、食、趣味、スポーツ、遊びなどの感性や感覚、肉体や趣味、運動に関わることなどです。さらに、本書で用いる観点から言えば、前向きのものと後ろ向きのものとにある諸々の感情や精神、心や意識などの要素にも広がっています。前向きのものとしては、同情、勇気、希望、幸福など多くのものがあり、後ろ向きのものとしては、不安、怒り、批判、欺きなど多くのものがあります。

こう考えてみますと、世界共通の言語がなくとも、身振り手振りを含めた、伝わる〝世界共通のもの〟は、ある程度存在していることがわかります。共通の言語での会話には遠く及ばないかもしれませんが。

私たちは、言語表現というものに重きを置き過ぎていて、〝世界共通のもの〟のありかたを狭めているということはないのでしょうか。

ここで、もう少し視点を変えて考えてみたいと思います。

仏教には〝拈華微笑《ねんげみしょう》〟という言葉があります。拈華微笑については、以心伝心、テレパシー（telepathy　精神感応）とも解釈でき、よりその場の会話の状況（空気）をも表しているように思います。

ここでは、語源（史実）について、あまり問う必要はないと思いますが、拈華微笑については、「釈迦が説法しているときに、献花された花をひねり大衆に示したところ、だれにもその意味がわからなかったが、ただ摩訶迦葉《まかかしょう》だけがほんとうの想いの意味を知って微笑んだ、という物語。そこで釈迦は、彼にだけ仏教の真理を授けたといい、以心伝心で法を理解する妙を示すときの言葉になった」との趣旨の説明が一般的に言われているかと思います。ただし、釈迦は摩訶迦葉にだけ仏教の真理を授けたというのではなく、大衆全員に分け隔てなく伝えようとしていて、迦葉はそれに対する理解から、釈迦の助手的な役割を担ったのではないかと推測しています。

仏語を取り出して客観的だと説明するのは、いまの常識からすると少々本筋から逸脱していると思われるのかもしれませんが、拈華微笑と言われるこの現象自体は、現実には多く起きています。精神感応（テレパシー）、共時性（シンクロニシティ）、直観（直感）、想いの力、予知などは実在していると体験的にも思いますし、多くの人が経験していることです。ただし、多くの人が「不思議なことがあったね」で済ませているると思います。

よりわかりやすい小さな自身の例として、ひとつあげてみますと――。

子どもと自転車で散歩に行ったときのことです。子どものほうが私より五～六〇メートルほど先を走っていて、途中の路地を左に曲がらなければならないところで、そのまま真っすぐに走り続けて行きそうだったので、咄嗟に心の中で名前を呼んでしまいました。その瞬間、子どもは急ブレーキをかけて止まり、後ろを振り向いて、私に「なに？　お父さん」と大声で叫びました。私の心の声は聞こえるわけがありませんし、双方の行動のタイミング（流れ）に時間のズレがほとんどないのです。

このようなことはとくに珍しいことではなく、起きていても多くの人がちょっと不思議なこととして済ませていると思います。

ある例では、ふとだれかのことを考えたとき、その直後に当の本人から電話がかかってきた、というケースはよく聞きますし、自分自身も経験があります。この場合は、精神感応か共時性か、どちらにもとれる例かもしれません。ただ、それは超感覚的知覚（ＥＳＰ）や超能力、第六感などの能力としてのものではなく、まだ統一された見解と解明がなされていないだけのことだと考えています。

普通に考えれば、私たちは、科学をとって考えても、まだすべての一面しかわかっていないとも言われているのですから、未知の現象があるのも当然なことでしょう。もしかしたら、まだまだ多くが未知のままなのかもしれません。個人的には、現代物理学（量子力学）や哲学を通したところから、遠からずして説明される（されている？）領域のものなのかとも考えています。

自身の場合も、共時性とともに時々体験していますし、複数人での同時体験もあります。多くの人が程度の差こそあれ体験していることと思いますが、当の本人が気づかないことも多々ありますので、実際のその現象（？）の頻度はかなり多いのではないでしょうか。

そして、それらが起きたときには完全に時空を超えているような現れかたをしていきます。これは、現実に身のまわりに起きていることであって、その現状を正しく理解するという点においては、私たちが避けて通ることができない事柄ではないかと考えています。個人の中にだけ存在する、明らかな思いこみや幻覚などの出来事ではないからです。

では、共時性についていくつかの例をお話しします。

最も単純な例としては、新聞や書物などを読んでいるとき、たまたま「琵琶」という字に目が行ったと同時に、「びわ」という声が人やテレビなどから聞こえた、というようなものです。この例の場合よりも使用頻度の高い蜜柑《みかん》などの言語ですと、たまたま偶然だともいえるのかもしれませんし、本人が共時性について関心がないと気づかないことが多いと思われます。

もう少しわかりやすい例をあげますと――。

春のある日に、車で家族の者と二人で石川県まで行ったときのことでした。その途中の田舎の山道を、車内で景色を楽しみながら雑談をしていました。ところどころにツツジが見えたので、「そう言えば、このあいだ、ツツジがいくつか束になったきれいな花を見たんだけど、名前を思い出せなくて、なんて言ったかな？」と言ったら、「あれっ、そう言えば私も名前思い出せないいな」と言い、二人とも、その花の名をど忘れしていたようでした。その直後に二人で思い出そうとしたところ、車のフロントガラス越しの左側に高さ3メートルほどの立て看板（案内用）が見えてきました。そこには、大きくカタカナで「シャクナゲ喫茶」と書かれていました。「シャクナゲ」がその花の名前だったのです。

ちょっと何かにからかわれているような面白さもあって、楽しい出来事でした。このの例になるとわかりやすく、共時性と言えそうです。きっと、多くの人がこのような体験を思い出すかもしれません。私はそのような共時性が起きるたびに自由を感じ、嬉しい気持ちになります。

次に、もう少し複雑に重なった例を紹介します。

ある日の夜遅く、車を運転して助手席の知人と二人で話をしていました。話の途中で私が「デジタル時計の一一時四四分という時間を見ることが多いんだ」と話した途端、隣の席にいる友人が、車内に表示されているデジタル時計を指さして、「ちょうど一一時四四分を表示している！」と叫んで、共に驚いたことがありました。

その出来事が面白くて、その直後に今度は「そういえば、家で８６７１という数字を想ったら、ほぼ同時にテレビで８６７１と女性のアナウンスの声がしたんだよ」と過去にあったことを友人に話しました。そうしたらその直後、急に片側2車線の左車線に走っていたタクシーが、右側車線で運転中の私の車の目の前に割り込んで入ってきました。前後に並んで走り続けることになったのですが、見ると、そのタクシーの後ろのプレートナンバーは８６７１だったのです。

この一連の出来事は、会話とのタイミングに時間のズレがなく、見事に共時化していました。

これらの例は、まだ小さなものの範囲なのかもしれませんが、大きな事柄にも同じ作用がはたらいているということは想定できます。大きなものごとには「あっ、これだ！」という瞬時の印象ではなく、もっと時間が経過してから「そういえば、そうだった」という感知のしかたをとることが多いのかもしれません。

このように、小さなかたちでやって来るものは、その現象がわかりやすいのですが、人の人生に作用するような大きな事柄は、複雑に絡み合った物語のようなかたちになるからなのか、大きくなればなるほどその認識が難しくなるということはあるように思います。

次に、共時性と想いの力などが複合しているように感じた例を紹介します。

学生のころ、自身の心の中であるヒーローになることを思い描いていたことがありました。それは、単に人命救助したらカッコいいだろうなという程度のありふれたものでしたが、線路に落ちた人を助けるというイメージで過ごしていたのを覚えています。ここまでは、とくにだれでもよくある想像だと思います。ただ、イメージしていたのは、およそ二～三年ほどの長めの期間だったと思います。その間に何となく思っていたのであって、とくに強く思い続けていたわけではなかったと思うのですが。

大学三年生の初夏のころ、深夜0時に近い時間、横浜駅下りホームで乗り換えの横須賀線の電車を待っているときでした。同じ下りホームの反対側の東海道線側で人が騒いでいたので見に行くと、驚いたことに線路の上に人が倒れて動かなくなっていました。私はそのまま電車を確認する間もなく咄嗟に飛び降り、その人の身体を思いっきり鷲づかみに抱えて線路から引きずり出し、最初から隣のホームに停車していた上り電車とのわずかな隙間に伏せました。それとほとんど同時に電車は私たちをかすめて行き過ぎ、まさに間一髪でした。後に聞いた話ですと、駅員からは二人ともひかれたように見えたそうです。

この出来事は、気がついたらこうなっていただけで、残念ながら自分自身が助けたという実感はありませんでした。それどころか、抱えた人がいつ暴れ出すかもわからないという状況の中で、狭い線路と線路の隙間で見た、両脇の二本の電車の車輪の映像が、その後何日も強い恐怖を伴って頭から消えず、長いあいだトラウマになってしまいました。後日、国鉄（ＪＲ）や県警などより表彰はされたものの、私にとってヒーローどころの話ではありませんでした。

この状況を、時を隔ててから考えてみたところ、もし偶然ではないとすると、長期間なんとなく思いつづけていた〝想い〟が人の救助にまでは作用していたものの、自身が望んでいた肝心なヒーローの部分を実現するにはエネルギーが弱かった（単に憧れていただけ）のではないかと思っています。この場合は、このようなかたちで想いが共時化されたように理解していますが、しっかり確信できるものではなく、どこかが思いこみの可能性もあるかもしれません。

これに似た例は、複数の人との同時体験や大きな事柄（震災、事故など）を含めると、いくつかありました。最後の例は、震災に関するものになります。

長い期間にわたって同じ夢を何度も見続けたことがよくありました。そのうちのひとつは海の波に関するもので、そのほとんどがうねりを伴った海水面が異常に高くなり、私が立っている岸近くの高い丘のようなところまで襲いかかってくるというような夢でした。もちろん、いい夢ではなく恐怖感のある夢で、見続けた期間は1年前後だったかと思います。間をおきながら見続けていたようでしたが、ときおり毎晩のように見続けたときもありました。そしてその夢をピタリと見なくなったのが、ちょうど二〇一一年三月十一日の東日本大震災が起きたときからでした。

この例は、詳細な現実感があったわけではないので、この程度の中途半端な夢が予知的なものの一面であるかどうかまではわかりません。しかし、推測としては、このような夢や予感、胸騒ぎなどは、完成された認知しやすいものとしてではなく、多くの場合はそのエネルギーの不足による中途半端な現れかたをしているのではないかと考えています。

つまり、私の場合は、これらのことに関心があったので、しっかりした例ではなくとも気づきやすく幾つかの事例を示すことはできましたが、数多くの人にはっきりと認知できないまま見すごされている可能性もあるのではと思っています。それが目立つ人たちだけを取り上げて特別な能力だと考えがちですが、多かれ少なかれ、だれもが持ち合わせているものではないかということです。

精神感応、共時性、直感、想いの力、予知、透視などといったものは実在しているのですが、それは神秘的で超自然などと言われるものではなく、またオカルトや霊、スピリチュアルなどとキワモノ的な表現で言われるよりも、本来は科学や哲学的要素が含まれるものだと考えています。

そして肝要なことは、それらの現象の存在意義を理解しなければならないということにあります。人と人、人と自然（動植物含む）との意思伝達のための正確な機能であり、偶然のように現れる人との出会いや環境のつくり手としての機能であり、さらに直感や予感的なものなどであって、宇宙秩序のはたらきの一環として、人々にとって深く関わりのあるものかもしれないからです。

多かれ少なかれ、だれでもが体験していると思われるこれらのはたらきは、たとえ統一された解明がいまだなされていなくとも、私たちの暮らしや生き方を考えるうえで、単に神秘なものとしてではなく、避けて通ることができない現実的な大きな課題なのだと考えています。

それらは、程度の差はあれ、人間が進化していくために必要不可欠な機能かもしれません。

だれであっても、何かを直感や閃きのような形で先行して感じとり、それほどはっきりしたものでなくともそれを具現化して、あるいは理屈と重ねて表現し、無意識的に行動しているように思います。それらの機能は、会話であったり仕事であったり、科学や芸術、スポーツ、文化であったりと、ほぼすべてに関わっています。

ここで大切なことは、この章に限らず、本書で取り上げ表現されている事柄は、多くが一般的に認知されたものではないため、それらのひとつをとって捉えようとすると難解で複雑極まりない問題に見えたり、ときには奇妙に、あるいは非現実的に映ったりしがちです。

しかし、〝すべての事柄は単独で成り立っているのではなく、それぞれの本質が深くつながり合っている〟ということを念頭に置いて思考するならば、より正しく理解することができるのではないでしょうか。

それによって、ものごとをより正しく認識していくための手はずとすることができたなら、〝人間は何者であって、どのような位置に置かれていて、どこに向かうべきものなのだろうか〟という壮大な問いかけへの解答にずいぶんと近づくことができるのではないかと考えています。

◎アンドロイドの出現は〝人間とは〟と問いかけている

以前より話題になっている人間型高度人工ロボット（以降アンドロイド）については、将来、そのありかたが進歩すると、人間と同等以上のスペックになるのではとの不安感を近ごろよく耳にします。不安については別な問題も含まれるかもしれませんが、まずは簡単に概略を述べてみたいと思います。

ひと昔前の時代ですと、アンドロイドと人間との間のギャップが大きかったせいか、まだSF映画やアニメの世界の中でのイメージでしかありませんでしたが、最近のチャットGTP（AIチャットサービス）では、進歩したAI技術によるリアリティのある受け答えゆえに、本来仮想世界であるはずのそれが問題視されるほどになってきました。つまり、人間がインプットした情報がAIロボットなどにアウトプットされることによって、一部の人たちが現実との境界線の認識を越えて混乱するようになっているのです。

こんにちのこのような進歩したAI技術による影響は、以前から予測されてはいたものの、今後さらに高度化し増え続けるのだろうと多くの研究関係者が示唆していています。はたして、この問題は今後どのように展開していくのでしょうか。アンドロイドは今後、人間と同等かそれ以上の能力や脅威を持ち得るのでしょうか。

私は、この問題と、一部の人たちが現実との境界を越えて混乱するようになった問題にはいくつかの局面があると考えています。

一つめは、イメージを言語で（通常はこの形なのですが）話しかけられたとき、受ける側の状況（先入観、感情など）次第では、受けかたが大きく増幅することが頻繁にあるということです。

つまり、高度ＡＩロボットなどにアウトプットされたことによって一部の人たちが混乱するようになったのは、受け取る側の過大な感情移入や先入観などが主だった原因になっているのではないかということです。受け取る側の感情移入や先入観などは、混乱や不安感、脅威を誘発する大きな要素となるものではないでしょうか。

二つめは、私たちは言語表現に重きを置き過ぎてしまっていることが原因ではないかということです。意識しているか否かにかかわらず、人は伝えたい想い（イメージ）を言語表現だけで会話しているわけではなく、視覚、聴覚を主とした感覚器官からの情報も得ながら会話しています。また、感情のありかたや直観なども微妙に影響していることでしょう。ひとつの言葉（名称など以外）の中にもさまざまな意味合いが生じている場合もあります。

人間社会における会話の理想的なかたちや真意を伝えるという意味では、できるだけ意思疎通を図るような会話の姿勢が双方に要求されます。人間同士の会話における意思疎通は、内容が深く複雑になればなるほどその必要性は増しますし、コミュニケーションの大きな課題でもあります。

こうした状況下において、高度なアンドロイドをつくるうえで、それらをはたしてどのようにインプットできるのかという疑問も生じます。いずれにしても、一つめ、二つめとも、これから先の社会問題として課題になるのではないかという予想はできます。

三つめの局面は、この問題の根本を考えることになると思いますが、アンドロイドは今後（近未来において）人間と同等かそれ以上の能力（スペック）を持ち得るのか、という問題になります。

先の一つめと二つめの局面は、想定の範囲内となるのかもしれませんが、この三つめの局面の場合は、社会問題としてはより大きくなる可能性はあると思います。しかし、アンドロイドが人間と同等かそれ以上の能力（スペック）を持った場合は、どのような状況になるのか、想像するのは難しいかもしれません。やはり、SF映画や動画、ゲームなどの場面が主だったイメージとなってしまいそうです。ありがちなのは、ロボットが人間を支配してしまうようなイメージでしょうか。

このことに関しても、前提として考えておかなければならないことは、インプットできる範囲は人間が人間としてイメージできたものまでであるということです。どのようなイメージであっても、人間が想い描くイメージには、人間側の思考の限界だけでなく、諸々の感情や固定観念などあらゆる不確定な要素を伴ったうえでイメージしていますので、そのことも含んでおかなければなりません。

ですから、ロボットが人間を支配するという考えは想像の中だけのものに留まるのであって、人間が人間と同等以上のロボットをつくることは不可能なことだと考えられないでしょうか。部分的には、計算能力が量子コンピューター並みだとか、運動能力が大きいとかは可能だと思いますが、それらをロボットに機能として埋め込むことはできたとしても、それを統制して、脅威を与えることができる、人間が持つ〝後ろ向きのもの〟や感情はロボットにインプットできないのではないでしょうか。人間そのものが〝後ろ向きのもの〟や感情をコントロールしきれておらず、むしろそれに支配されているからです。

ただし、軍事用の自立型殺戮兵器としてはわざわざアンドロイド（ヒューマノイド）にする必要はなく、単に高度化されたロボットが開発されることは現実的なことです。アンドロイド（高度ＡＩロボット）に、人間が持っている〝後ろ向きのもの〟をインプットすることができないかぎり、すでに〝後ろ向きのもの〟をインプットしていて、それに手をこまねいている人間が、はたして人間を超える脅威をつくり出すことはあり得るのでしょうか。

悪意を抱いた人間自身のほうがはるかな脅威なのであって、現在にも未来にも人間の持っている〝後ろ向きのもの〟＋武器＋感情を超える脅威はどこにも見当たらないと思えます。社会に起きている〝悪いこと〟という結果から考えると、私たちはアンドロイドが持ち得る以上の十分な脅威をすでに持って暮らしているのではないでしょうか。

本来は、どこにも脅威はなく、人間だけが自身の中で脅威をつくり続けているのです。

ロボットが人間を支配するという考えは、過去を遡って人間が人間を支配してきたからこそそのような考えを無意識に抱くのであって、それはこの世界ならではの思考なのかもしれません。

高性能ＡＩロボットの機能は、この先ますます人間に近づいていくと思います。そして、その度ごとに問題提起がなされることでしょう。

しかし、別な視点から考えると、進歩していくアンドロイドの出現の予兆は、現在のこの複雑な社会状況にとって、とてもタイミングがよいと感じています。

なぜなら、〝人間とはなにものなのか〟という巨大な問いかけに対して、私たちはいま、答えを打ち出さなければならない状況の中に置かれている（置いている）からです。

四章

戦争のなくしかた

◯準備は整っている

私は青年の頃、戦争について考えたとき、次のようなイメージを持っていました。

「人間は、暮らしに必要だった槍や斧を互いに向け合っていくようになり、それらは文明の発達によってさまざまな兵器というものになっていった。あげくのはて、その兵器は強大なものとなっていき、ひとつで何十万、何百万以上という人たちを殺し、さらにそれを何千も用いて何億、何十億という人々を一瞬にして死滅させ、数えきれないほど多くの生き物、植物をも同時に灰にできるものとなった。この爆発によって現れる〝悪魔の力〟は、宇宙の均衡をも崩すものとなる」

つまり、争いごとの頂点にある戦争とは、その抜本的な原因を探って除かないかぎり、いずれは〝自然と自分たちのすべてを滅ぼし、惑星自体が自滅するものとなる〟というイメージでした。

当時の私は、この自身の想像を少々ネガティブに思い過ぎてしまったと、しばらくのあいだ反省していたようでした。

しかし、現在の私たちの世界状況は、それが極端な想像ではないことを明確に表しています。これは、だれでも確認できる事実です。

グラフとして例えれば、私たちの住む現在の文明は、長い人類の歴史の中で急激な放物線を描いて進歩し、究極的な状況にあることが窺えます。このグラフの形状自体がとくに問題だとは思いませんが、その進歩の速度に対応できる人間側の知恵も同じ形状を示しているのでしょうか。

人間の知恵や精神の発達状況を表す指標を私自身は確認したことはありませんが、仮にその指標を想定して、加えて世界が現在抱えている問題を合わせて考えてみると、その形状はあまり良い気持ちになれないもののようです。幾つかの方向が考えられますが、そのひとつが明らかに滅亡に向かっているからです。

その理由は、長期の歴史を辿って考えると、急激に発展した科学技術による繁栄とは裏腹に、この世界には滅びる量の〝巨大な兵器〟がすでに存在しているからです。

当然、それは核兵器であって、二〇二三年一月時点の地球上の総数は一万三千発弱、その多くがひとつで広島型の七倍～五〇倍以上の破壊力があるとされています。

つまり、広島に落とされた核兵器の約九万倍～六五万倍の破壊力がある兵器が、メンテの必要はあるとはいえ、地球上にすでにあるわけです。それは、外交上の強力なツールになっていて、使用しないとはだれも言い切れないのです。感情や誤解、立場など、複雑な人間側の状況下ではなおさらです。つまり、この世界が滅びるための準備はもう十分整っているのです。

これは、客観的に考えるまでもなく、だれでもが知り得る現状なのです。ただし、現時点では核兵器という武器が一番の議題に上がりがちですが、目に見えにくい別の方法で人類の意識を意図的に操作するであろうことも推測でき、現実に進んでいることでしょう。

私は、地球を俯瞰する話として、すでに進化している人類の存在を例えて表現することがあります。

非現実的（?）な例えとして、この地球の状況をどこかの星の〝良識のある人間たち〟が興味をもってじっと観察していたとすると、どのように思うのでしょうか。

まちがいなく彼らは、「自分たちはいま、広大な宇宙の中で、もっとも珍しい貴重な一瞬を目撃しているのだ」と言って騒ぎ立てていることでしょう。もちろん、これは珍しい貴重な一瞬なのではなく、珍しい哀れな蛮行であることは言うまでもありません。

同様な見方からすると、現在の地球社会の究極とも言えるこの状況は、地球世界を滅ぼして再生不可能な状態にしてしまう方向と、宇宙に進出して地球世界を俯瞰的に捉え、共存して進化していく方向とに分かれる、二者択一を迫られているという、さらに珍しい瞬間なのだと思います。

しかし、もし人々の知恵と賢さによって、自分たちが地球に納入した多くの〝悪いこと〟という結果を取り下げ、克服していける方向に舵を切ることができたのなら、私たちの未来は想像以上に〝進化〟した世界がつくられていくことになるはずです。わずかひとつであっても、克服したという共鳴を伴った膨大なエネルギーは伝搬を伴って持続化するからです。惑星規模の大きな悟りとして長く残り続けることでしょう。

そのとき、騒ぎ立てていたどこかの星の〝良識のある人々〟の目には、「自分たちはいま、広大な宇宙の中で、もっとも稀な感動の一瞬を目撃しているのだ。これでやっと、地球の人々と接触することが可能になるだろう」と映って、大きく感嘆して騒ぎ立てることになるでしょう。

私自身は、社会的な大きな問題として現れる状況は、たとえ自身から遠く離れたところ（距離だけでなく）で起きていても関心を寄せる必要がある事柄だという受け取り方をしています。というか、それも重大な現実であって、単に不安で無関心でいられないからですが。

かといって、支配的な力を排除する方向に全力を入れるべきだとは考えていません。〝原因〟が残り続けていては根本的な解決には至らないからです。

その表面的な原因は、支配的な人間の持つ心や意識にあることは明らかですが、最終的には、多くの人々の意識の変化が同時にその者たちの意識のありかたをも決すると考えています。その者たちは、常に人々の意識を感じ取って生きているからです。

「われわれがロボットにでもなったらいいと彼らは思っているのか。それとも、この世界から人々がほとんどいなくなったほうがいいと思っているのか」と思う人もいるかもしれません。

その者たちは、世界の人々が自分たちに支配されてロボットのようになって生きていくことを望んではいるものの、人々が完全にロボットに置き換わってしまうようなことになったら困りはててしまうのです。自分たちが長い時間をかけて大事に築き上げてきた〝征服、支配、プライド〟なるものが、まったく意味をなさなくなるからです。

しかし、それはもういまからの新しい時代には沿わないと自分たち自身も感じ始めているかもしれません。もし、巨大な富を築きあげ、それを管理できるほどの頭脳とパワーを持っている鋭敏な人たちであるとすれば、後ろ向きの力より前向きの力のほうが持続可能だと早々に理解し、かたちはさまざまとはいえ、その知恵によって持てる力を人類に奉仕しようともくろみはじめているかもしれない。そのきっかけを待っている可能性がないとは言いきれないと考えます。

人々のグローバルな意識が低かった大昔と違い、〝完全な支配〟は人々の意識の高い現在では起こり得ないはずです。それは、現在は人々の諸々の事物に対する洞察意識が高まって来ているということと同時に、見極める必要はあるとはいえ、あらゆる情報が過去から積み重なって揃っている時代だからです。

しかし、それにはつくられた先入観や社会の常識として現れているものにも注意を向ける必要があります。正しい判断が非常識に置き換わって見過ごされてしまうことが頻繁にあるからです。

私たちの世界では、定義にもよるとは言え、わずか数百万分の一ほどの人々が全世界の富の半分を独占している傍ら、世界の過半数の人々が生活に苦しんでいるとも言われています。

その格差によって、毎日二万五千〜四万人（そのうち子供が約七割）もの人々が飢餓で亡くなり続けている状況にあるといわれています。これは、この世で最も重要なデータのひとつであって、人々が常に知っておくべきことのはずが、なぜか多くの人が知らないのが現状です。それを伝えたくないという動きと、人々の関心が薄いということが共存しているからです。

もし大多数の人々の関心がなければ、一時的にひとつのある〝悪いこと〟が排除されることがあったとしても、人々の同じ脆弱な意識に沿った似たような状況（あるいは者）がどこかで生まれて、混沌とした世界が延々と続いていくことになることでしょう。あげくのはて、この世が壊滅に至ることも現実に考えられるのです。滅亡の準備はもうすでに整っているからです。

多くの人が「日常に関係がないから。遠くの出来事だから」と思っていても、まわりに漂っているつくられた常識に左右されないように、もう一度自己と社会を見つめ直してみようと考えるのは理に叶った判断です。

目先の暮らしのことで人生がいっぱいだとしても、世界に起きている大きな出来事にも〝関心を寄せる〟こと自体はだれでもできるはずです。そして、初めはその流行や風潮、傾向のようなものであっても、それが持続できたらよいと思います。きっかけは流行や傾向であっても、持続すれば人々の意識に何らかの基盤を築くことができるからです。

それは、〝悪いこと〟をひとつ崩せたとすると、幸いにもそれだけに限らず、ほぼ同時にいくつもの〝悪いこと〟を崩すことにつながるのです。根本的な原因が同じだからです。また、それに関わる費用は0であって、しかも一時的ではなく恒久的になくす可能性があるのです。それには多くの人々の知恵が必要になりますが、組織化する必要もありません。

いっぽう、変化しつつある現在のこの世界状況において、一部の傲慢で支配的な時代遅れな国や勢力の諸々の存在は、一見、期待とは裏腹に、進化から後退した状況に世界を追い込んでいるかのように思えることもあります。しかし、それはそうとは言い切れないかもしれません。現在の社会において、その諸々のふるまいは、すべての人々にとっても、すべての国にとっても必要な体験であることも考えられるからです。その諸々の存在を通して、強く「ノー」と言える、自分たちがいま一番必要としている姿勢に向けて意識をしっかりと正すことができるからです。

見かたを変えると、現在の地球の究極的な現状は、私たちに克服すべく必要な状況として〝悪いこと〟が最後の課題として現れ、「これを乗り越えろ」と言っているかのようにも感じます。まさに、世界の人々がいま起きている現状を考え理解するよう促すため、その状況に置かれているのです。

まず、自身と世に漂っている常識化した先入観や固定観念などに注意を払うことです。同時に、その姿勢を持って世界に起きている大きな出来事に関心を寄せることだと考えます。そして、「人は本来どう生きていくべきか」という想いとともに、しっかりと「進化のビジョン」を描いて前向きの意識を築いていくことだと強く思います。

そのビジョンと意識を具体的に定着させる賢い方法は、さまざまな方面より打ち出されて来るはずです。

◎傲慢は未成熟

子どものときには、わがままを言うのも、欲張っても、すぐに怒っても、多少の傲慢さがあっても、子どもだからということで、叱られながらも自由気ままがまかりとおっていました。

しかし、大人に成長し社会に属すると、それらの感情や〝持っていたくないもの〟（子ども版）が表に出ると、暗に大人になりきれていない者としてみなされてしまいます。

同時に、多くの人がそれらの自身の中にある〝持っていたくないもの〟（子ども版）は、自身の成長にとっても足枷になることとして敬遠されていきます。

ここまではよくある日常のことで、通常は大人としてそれを自制しつつ、ときには葛藤しつつ暮らしていくわけです。

しかし、完全になくなるわけではないので、多くの人は、子どものころに現れていたものを大人になってからも表に出ないよう、静かに引きずり続けているのが通常です。

さらに、一部の人は、社会に揉まれるうち、知らず知らずのうちにそれを自身のなかで〝持っていたくないもの〟（おとな版）として磨きあげてしまうこともあります。

それは、社会や組織の中で上に立ったときに、とくに現れやすくなります。まわりが気を使うことによって甘えが通りやすくなり、幼児期の自分が現れ出てしまうのです。傲慢やプライド、強欲、憎悪、羨望などの〝持っていたくないもの〟（おとな版）の本質は、まだ大人になりきれていない一部の者の未熟な特徴なのかもしれません。

世間的には、感情的になる者を子どもっぽい弱さだと言われることがあります。おそらくそれは、子どもは自制することができない、という子どもの時期特有のものとして捉えているからであって、それらに重なって付随している、もっと警戒しなければならない〝持っていたくないもの〟（おとな版）については、感情に比べるとなぜかあまり議論の的になっていないように思われます。それは、「人間とはこういうものだ」という大人のつくった常識が世に漂っていて、その中で大人自身が判断しているからです。

表現を変えてみると、傲慢やプライド、強欲、羨望などは、本来〝持っていたくないもの〟そのものであるはずが、大人の言い訳として、さまになる〝大人の事情〟という特権になっているように思います。〝持っていたくないもの〟（子ども版）の発展型（？）であることは間違いないのにです。

傲慢やプライド、支配欲、羨望などは、それを抑えることができない大人のわがままなのであって、正しくは「大人の事情」なのではなく「大人になり切れない者の事情」なのかもしれません。

◯信頼という力

こんにちの社会においては、国力の三大要素は経済力、軍事力、それに文化力だとも言われています。しかし、一部では〝信頼〟をその要素のひとつとして挙げている見解も見られます。

現代において、信頼は社会の形態さえも大きく変える可能性があると私自身は考えています。信頼がないと社会構造は複雑化していき、逆に信頼が社会構造に浸透しはじめるとその構造は簡素化していくことが推測できます。信頼によって契約や規約などに関する構造が軽減しても、それが成り立つようになるからです。

例えとして、大概の人々は家族の中でのお金や物の貸し借りについては、契約書や請求書などは必要ありませんが、それは家族の中に信頼が築かれているからです。信頼が築かれる理由は、親子だから、長く一緒にいるから、好きだから、絆があるからなど〝前向きなもの〟との関係が理由に挙げられます。小規模とはいえ、家族や親しい人たちの中にはたらいている信頼という機能は、大きな社会構造の中にもまったく同じようにはたらいて機能するはずです。

また、動物の世界にも同じことが言えます。動物の場合は、より原理的（本能的）な情や親子だからなどに集約されるのかもしれません。最初は警戒をしていた動物が、人の情によって警戒を解いて親しくつながることはよくあることです。それによって信頼が築かれたからです。

この原理は、人間だけでなく、動物にも、否、すべての自然にも備わっている法則であって、地球特有のものではなく、宇宙全体に機能しているひとつの〝はたらき〟だと考えています。私たちが本来はそうあるべきだという心づもりでいることは、とても賢い選択だと考えます。

先の、信頼は国力にも大きく作用しているという見解は、喜ばしいものだと思います。だとすると、この地球社会の構造をまともな方向に築き上げる要因になり得るからです。

かつて、経済成長を遂げた日本のバブル期には、経済の発展とは裏腹に人々の傲慢さや欺瞞、顕示欲などが世に多く漂っていると感じていました。その後、バブルが崩壊して経済は衰退しましたが、意識のありかたという観点から見ると、謙虚さや忍耐、感謝や同情などの静かな力が、微かとはいえ国内の社会に浸透してきたように感じることがあります。だとすると、それによってわずかにではありますが、信頼が築かれた可能性があります。

それは、大げさにいうと、バブル期とその崩壊を通して、国民が自分たちの意識のありかたについて気づかないうちに微かに学んだのかもしれません。このことによって、人々の心と意識のありかた自体は、国レベル以上の集合意識として変化する可能性があるということが示されたように感じています。

○適者生存（最適者生存　survival of the fittest）

適者生存とは、ハーバート・スペンサーが一八六四年に発案した造語・概念とされていますが、ここでは人間のありかたについての考えとして、他の生物についてのそれとは切り離して用いることにします。つまり、人間は、宇宙の秩序に適応できる者だけが適者として存続していく、という意味で捉えます。

私たちの心や意識に普遍的な法則がはたらいているのは、まぎれもない事実です。人の「前向きのもの」と「後ろ向きのもの」とが、それぞれ良いかたちと悪いかたちで、人の身体にも影響をもたらすということは明らかです。そして、この宇宙は前向きなもののはたらきによって成り立っているということは、小さな一例をみても、脳科学的に脳内ホルモンのありかたがそれを示唆していると考えています。

「前向きのもの」の中の平穏、楽しさ、笑い、思いやりなどが、オキシトシン、βエンドロフィン、セロトニンなど幸福感を司るといわれるホルモン（神経伝達物質）の分泌のはたらきを適度に促し、感情や気分なども含めて身体の機能を正常に保ちます。反対に「後ろ向きのもの」の中の憎悪、欺瞞、不安や恐怖などは、ストレスとして神経系のみならず脳や身体の多くの部位の不調を誘発するということがわかっています。

そして、人々の「前向きのもの」によって表れ出る表情は、活気や調和を伴ってその場の空気を一変させる力があります。決して「後ろ向きのもの」が活気や調和を伴って作用することはありません。

小さな法則が局部的に作用しているのなら、大きなことにもかたちを変えて同じはたらきをすると考えるのは自然なことです。宇宙意識（秩序）は局部的に別なはたらきをするものだとは考えにくいからです。

夜空に見える、人の視覚によって捉えられている宇宙について、たとえ最新鋭といわれるＪ・ウェッブ宇宙望遠鏡（ＪＷＳＴ）を通して得ることができる数々の新しい情報があったとしても、私たちは宇宙についても、この地球に対しても、まだ多くを知らないというレベルにいるのは間違いないと考えています。私たちが生みだしているたくさんの〝悪いこと〟が生じ、混沌としているこの社会の現状はそれを表しています。

だとすると、現在のこの世界の状況を鑑みて「人間はそもそもこういうものだ」などと人間とその社会を限定し結論づけてしまうことは、私たち自身が招き入れた先入観や固定観念、何かのバイアスがかかった思いにすぎないのではないでしょうか。そのままその思いを継続し続けることは、結局宇宙の秩序なるものから隔たり続け、衰退し、その流れに適応しなくなっていくのではないでしょうか。

数百年、数千年前の聖者や賢者と言われた先導者は、現代には現れません。いまの人類は、少なくともその頃より自立していて、自ら進むべき方向を誤らず、〝無知〟から生まれたさまざまな混乱を乗り越えられる智慧を築き上げている可能性があるからです。

私たちはいま、歴史上、ほぼ間違いなく進化の最も重要な過程（分岐点）にいます。社会に起きる〝良いこと〟と〝悪いこと〟という結果の真の原因は、私たちの心と意識によってつくられた集合的無意識なのは明白です。

自身と社会によってつくられた、先入観や固定観念による〝常識〟の犠牲者である必要はありません。

持続可能な社会を望み、それを実現しようとするならば、何を基盤として考えるべきか、明らかです。

現代は、選択の必要はあるとはいえ、すでに多くの情報があり、そこからだれでも引き出してものごとを考えることができます。あわせて、長きにわたって私たち人間がつくり上げてきた歴史の流れも俯瞰して、現代に生かすこともできます。つまり、私たちはいまこの世界に起きているすべてのことから、私たちの現状を正しく理解して進化していくことができるのだと思います。


ここでもう一度、いまの地球の状況を俯瞰している例えとして――。

われわれ以上に進化した人々が地球の現状を観察していると仮定した場合、彼らは決して「地球を侵略しよう」などとは思わないでしょう。その無謀な発想は、私たちが人々を侵略してきた歴史によってつくられ常態化した、地球特有の思考によるものだからです。

また、一部で囁かれているような「人々の意識にはたらきかけて人々の行動の進歩を促す」「地球の滅亡期にわれわれを助けにくる」「個々の進化のレベルに応じて人類を選別する」などということも彼らは企てないでしょう。もし彼らが、ほんとうに進化した理解ある人々であるならば、地球の人々の進化にとって必要な〃自分たちで克服すべき重要な過程〃という現状を、崩してしまうようなことはあり得ないからです。彼らからすれば玩具のような核兵器であっても、宇宙の均衡に影響がある場合以外は取り除くことはしないでしょう。その責任はわれわれに委ねられているからです。

進化しているとされる彼らは、私たちが自身でつくり上げた諸々の悪い結果に私たち自身が〃誤り〃を示し、それを正そうと真に前を向いたとき、初めて接触することが可能になるのです。宇宙は、人の心と意識のありかた、そして自立を最上位に置いているからです。

この例えは、〃私たちが進化したときに、過去の自分たちの世界を俯瞰している状況〃なのだと想像してみてはいかがでしょうか。

おわりに

社会では、なによりも収益を得ることが先だという不合理（？）ともいえる作業に多くの人が関わっています。しかし、その目先の作業は必要で避けて通ることのできないものだというのも事実です。そして、この世の中において自分がどのような居場所に置かれているのか覚束ないまま暮らしています。

共同の取り組みの所産を目指すともいえる日々のさまざまな作業は、生きるうえで必要なことではあるけれど、人生をふり返って〝自分はいったい何のために生きてきたのだろうか〟と多くの人がどこかで訝っていることでしょう。

私たちの社会は、おもに理屈と感覚器官を軸にしてここまで持続してきたのでしょうか。

それとも、直感（直観）やインスピレーション、想いの力、精神感応などが、形や大きさはさまざまながらも、その機能がすべての人たちにはたらいていたから持続してここまで来れたのでしょうか。

おそらく、それらから得る情報が、認識への影響が過大な視覚や聴覚という感覚器官や固定観念、先入観などの影響を受けることなく、〝真の情報〟として直接人々の意識にはたらき続けていたからこそ、今日まで持続し発展して来れたのではないでしょうか。

それらの機能は、ひとつひとつを取りあげて眺めると奇妙に見え、いまだに解明されていなくとも、一途な努力によって生まれる科学や文化芸術、スポーツ、ビジネス、趣味、日常など、あらゆる分野においてはたらいていて、人々がその恩恵を受け、支えられて暮らしていること自体は明らかです。

これからの未来に向けて、人間本来の姿にふさわしい私たちの環境を整えるためには、それらの源でもあり宇宙の摂理ともいえる〝前向きのもの〟に自身の心と意識を向けることであって、それは難解で複雑なことではなく、まったく平易なことです。

宇宙は、広大であると同時に現実であって、私たちや万物をつくり上げているその

〝はたらき〟は、人々に最も近い〝人の手元〟としても機能しているはずです。

つまり、宇宙意識（秩序）は、すべての人々の中に〝真の情報〟としてすでにあって、私たちが期待する以上に〝人は限りなくすぐれている者〟なのではないでしょうか。

〈著者プロフィール〉
浅野 芳彦（あさの よしひこ）

山梨県生まれ
1977 年　東京藝術大学美術学部絵画科卒業
1979 年　東京藝術大学美術研究科修士課程修了
1981 年より、環境美術、美術品の制作、修復などに従事し、現代美術家として制作活動を行う。
また、生涯を通して、共時性、以心伝心、直感、想いの力、人と環境、意識と進化との関わりについて研究している。

宇宙とつながる進化のビジョン

2025年 3 月21日　初版第 1 刷発行

著　者　浅野 芳彦
発行者　韮澤 潤一郎
発行所　株式会社 たま出版
〒160-0004 東京都新宿区新宿1－10－2
☎ 03-5369-3051（代表）
FAX 03-5369-3052
http://tamabook.com
振替　00130-5-94804
組　版　マーリンクレイン
印刷所　株式会社エーヴィスシステムズ

ISBN978-4-8127-0477-6 C0011